LOUIS LOVIOT

ALICE OZY

PARIS
LES BIBLIOPHILES FANTAISISTES
DORBON AÎNÉ
53ter, Quai des Grands-Augustins
1910

ALICE OZY

DU MÊME AUTEUR :

L'AMOUR A LA FRANÇAISE, roman.

PUBLICATIONS :

LETTRES DE GABRIELLE DELZANT, 1874-1903, avec une préface de Thérèse Bentzon.

PAUL VERLAINE — VOYAGE EN FRANCE PAR UN FRANÇAIS.

SOUS PRESSE :

1830 — MÉMOIRES DE LA DUCHESSE D'ABRANTÈS.

J.-J. HENNER ET SON ŒUVRE.

ALICE OZY

Portrait par Vidal.

LOUIS LOVIOT

ALICE OZY

PARIS

LES BIBLIOPHILES FANTAISISTES

1910

Ce volume a été tiré à cinq cents exemplaires numérotés à la presse, dont quinze sur japon numérotés de 1 à 15.

POUR L'AUTEUR

A
ANDRÉ LEBEY

I

La chronique galante des petits journaux, vers le milieu du siècle dernier, conta volontiers les prouesses de Mlle Alice Ozy et enregistra avec complaisance de spirituelles anecdotes touchant cette gracieuse personne; par contre, les critiques dramatiques se bornèrent généralement à lui décerner ces compliments fleuris qui se prodiguent à toute actrice jolie et aimable, pourvu qu'elle ne se montre pas trop maladroite. Alors, — comme maintenant, — les demi-mondaines ne se contentaient pas d'une réputation en quelque sorte professionnelle, et l'ambition les poussait, non point à devenir comédiennes, c'est trop dire, mais à monter sur les planches pour avoir un prétexte à se faire applaudir par un public indulgent. Mlle Ozy compta parmi ces *dames de beauté*, ces *camélias*, qui figurèrent dans des pièces destinées seulement à mettre en valeur d'agréables qualités plastiques.

Un léger brin de talent distingua toutefois Mlle Ozy. Elle remporta certains succès aux Variétés où elle remplit quelque temps l'emploi de soubrette et rehaussa par son espièglerie, par son enjouement, de petits rôles très anodins ou très décolletés. Mais le théâtre ne lui aurait jamais valu la notoriété; sa gloire est de toute autre sorte et le d'Hozier qui libella ses titres de noblesse fut Théophile Gautier qui la nomma au cours d'un feuilleton, sans aucune ironie, « l'Aspasie moderne ».

Ozy obtint une grande réputation de beauté, d'esprit, d'humeur facile; cependant elle ne provoqua jamais de scandale retentissant, elle ne connut pas les aventures hasardeuses, sa vie s'écoula sans incidents. Elle n'appartint guère à cette bohême galante chantée par Gérard de Nerval; elle ne fut pas romantique comme Marie Duplessis, « la Dame aux Camélias »; elle ne se maria pas, ne devint ni duchesse, ni comtesse, comme tant d'autres.

En revanche, selon le mot de Clairon, elle eut des amants en vers et des amants en prose. Son existence ne présenterait pas beaucoup d'intérêt pour nous, si elle ne nous touchait par son reflet dans le cœur des artistes qui aimèrent la jeune femme. Pour ceux-ci, Alice eut toutes les indulgences; en leur faveur elle se prodigua, offrant à leurs regards ou à leur amour ce corps qu'en riant elle appelait *le singe* et dont elle comprenait toute la puissance prestigieuse. Elle se donna aux poètes... pour l'amour de l'art, et aux banquiers pour leur argent. Comme jadis Adrienne Lecouvreur, elle dit aux financiers : « Attendez mon bon plaisir! ». Elle n'écouta que son caprice, choisissant toujours parmi ses courtisans et se jugeant trop précieuse pour accueillir le premier venu.

Certes, ce n'était pas une personne vulgaire que Mlle Alice Ozy! Ses amants lui apportèrent en hommage leur fortune ou leur talent: ils déposèrent à ses pieds des couronnes de diamants ou des couronnes de laurier. Souvent, elle aurait pu répéter cette orgueilleuse parole murmurée à l'oreille d'un journaliste, certain soir qu'un prince de Saxe-Weimar lui donnait le bras : « Nous avons un beau-père peu commun ! »

Toutes proportions gardées, il semble qu'Ozy rappelle un peu les courtisanes antiques et celles du dix-huitième siècle, par exemple Mlle Gaussin, Mlle Quinault, ou même Sophie Arnould. Victor Hugo et Théophile Gautier fréquentèrent chez elle, comme jadis Socrate, Alcibiade et Périclès chez Aspasie de Millet. Elle trouva un poète pour la chanter et un peintre pour la révéler, comme dans l'ancienne Grèce Thaïs trouvait un Aristippe, Leontium un Epicure, Phryné un Praxitèle. Selon l'exemple de Mlle Quinault, elle eut un salon et sut y tenir école d'esprit, de finesse et de grâce.

Néanmoins Ozy appartient bien à son époque. Elle n'a pas l'insouciante désinvolture de ses aînées. On retrouve chez elle cette hardiesse de pensée, cette élégance un peu cavalière, ce défaut de politesse même avec le meilleur ami, ces nerfs irritables, cette sensibilité capable d'émotions profondes, mais seulement pour des causes positives et surtout pour des questions d'intérêt, qui sont les traits distinctifs de toutes les femmes à la mode vers 1850. D'ailleurs, après la première représentation d'*Un Père prodigue*, des spectateurs malveillants n'insinuèrent-ils pas qu'il fallait arriver tout droit de la province la plus reculée pour méconnaître en Albertine de la Borde l'image fidèle d'Alice Ozy ? C'était aller beaucoup trop loin et Dumas protesta aussitôt contre l'intention perfide qu'on lui prêtait.

Non. Ozy n'eut jamais le cynisme de la redoutable Albertine. Elle vécut toujours sagement, bourgeoisement, honnêtement et, devenue une vieille dame respectable, elle se plaisait à relire ce passage d'une lettre d'Edmond About : « Vous avez eu une vie bien équilibrée qui faisait une part au plaisir et n'a jamais laissé place au vice ».

Si j'avais cru nécessaire d'inscrire une épigraphe en tête de ce livre, ce n'est pas la sentence d'Edmond About que j'aurais choisie. Je lui aurais préféré une phrase empruntée à l'*Art d'aimer*, dans ce chapitre où Ovide persuade les courtisanes de se montrer faciles aux poètes, ou encore cette repartie de Mlle Scriwaneck à un maladroit qui lui reprochait sa vie dissipée : « Que voulez-vous ?... Nous avions trop d'amour ».

II

Mademoiselle Alice Ozy naquit à Paris, le 6 août 1820.

Ce nom narquois et pimpant « Alice Ozy » ne figura jamais sur les registres de l'état civil. Ozy — ou plutôt Ozi (1) — était le nom de sa mère et la jeune fille s'en servit comme d'un pseudonyme lorsqu'elle débuta au théâtre, à vingt ans. En venant au monde, elle s'appela tout simplement Julie-Justine Pilloy.

Son grand-père, Etienne Ozi, professeur au Conservatoire et maître de chapelle de l'Empereur, passa pour un virtuose du basson. Il avait épousé une demoiselle Dupont, dame d'honneur de la reine de Portugal, femme de don Pedro (2). Les Dupont descendaient du chancelier Maupeou et se trouvaient ainsi alliés aux Montmorency... par les femmes, mais Mlle Ozy eut trop d'esprit pour se souvenir jamais qu'une goutte de sang bleu s'était égarée dans ses veines.

M. Pilloy, son père, dirigeait un magasin de bijouterie situé rue Saint-Denis. Il vivait séparé de sa femme et, comme le père et la mère s'accordaient mal au sujet

---

(1) Je conserverai l'orthographe *Ozy* que l'actrice employait d'ordinaire.

(2) Villemessant, article sur Alice Ozy *(Figaro,* 25 février 1855), reproduit dans les *Mémoires d'un journaliste,* 1867, t. I, p. 134.

de la petite Alice, celle-ci eut une enfance assez hasardeuse. A peine âgée de dix ans, on la mit en apprentissage dans une manufacture de broderies sur or et argent dont les ateliers se trouvaient aux environs de Paris. En arrivant, l'apprentie dut adopter l'uniforme, revêtir une robe grossière, chausser de lourds sabots qu'elle choisit étroits, pensant qu'ils prêteraient à l'usage. On eut cependant quelques égards pour elle, le patron surtout, qui alla même certain jour jusqu'à lui adresser de trop affectueuses propositions. L'incident s'ébruita bientôt et Alice fut renvoyée, compromise. Après cette aventure prématurée, on la plaça dans une autre maison de broderies, à Lyon; elle y débuta en qualité d'ouvrière à douze francs par mois. Comme elle semblait dégourdie, savait vendre et tenir les comptes, on l'affecta au service du magasin.

Alice avait alors treize ans; sa beauté se précisait, ses formes prenait du galbe, sa peau s'affirmait d'une blancheur éclatante : les clients la remarquaient, lui apportaient des bonbons, des babioles; les passants s'arrêtaient pour la regarder au travers des vitrines... Tous ces hommages la laissent indifférente.

Elle tombe malade. L'un des premiers médecins de Lyon lui accorde ses soins, la guérit et s'intéresse si bien au sort de la jeune fille qu'il parle de l'épouser; — une méchante langue l'en dissuade.

Peu de temps après, Alice revint à Paris. C'était le moment où les broderies brochées devenaient fort à la mode et la jeune ouvrière témoignant d'une habileté remarquable, ses parents lui conseillèrent de travailler pour son propre compte. Ne pouvant demeurer avec eux, elle alla s'installer tout en haut de Belleville pour broder en compagnie d'une autre ouvrière, sa sœur de lait. Elle choisit, sous les combles, une petite chambre d'un loyer mensuel de trente francs, qu'elle meubla d'une façon toute rudimentaire, et là, du matin au soir, elle tirait l'aiguille en chantant, insoucieuse comme les grisettes de Murger et de Devéria.

La fillette s'épanouissait; chacun remarquait sa grâce séduisante et, dans la rue, des flâneurs la pourchassaient souvent au point de l'obliger à se réfugier dans une boutique pour échapper aux sollicitations trop pressantes. Tous ceux qui l'approchaient subissaient son charme, — plus particulièrement un jeune parent de province, venu au Quartier Latin pour subir ses examens de droit. L'étudiant s'éprit d'elle et persuada son père de tenter une demande en mariage, — mais cette fois encore des personnes charitables conseillèrent au prétendant d'y regarder à deux fois avant d'épouser la brodeuse, et le jeune homme s'empressa de reprendre la diligence.

Alice, découragée, comprit qu'une existence régulière lui était interdite. Elle s'effraya d'abord, puis, bravement, résolut d'accepter les événements tels qu'ils se présenteraient.

Elle connut fortuitement le comédien Brindeau, ne tarda pas à l'aimer et à se faire enlever par lui.

C'était pour elle la liberté, l'illusion heureuse; ce nouvel amour lui permettait d'entrevoir un avenir de fêtes, d'élégances, de vie facile. Elle adora Brindeau et n'eut d'autre désir que de ne le quitter jamais et de paraître sur la scène à ses côtés. Son amant s'appliqua à développer en elle certaines dispositions spontanées pour le théâtre.

Alice Ozy avait à peine dix-neuf ans lorsqu'elle fit ses débuts à la salle Chantereine, sous les auspices de Bernard Léon qui joignait ses conseils à ceux de Brindeau pour la former au métier d'actrice. Elle joua en compagnie de Léon à l'occasion d'une fête de charité et attira l'attention de M. Leroy, alors directeur des Variétés, qui lui offrit un engagement. Mais Bernard Léon, plein de prudence, supplia son élève de ne pas accepter cette offre avant d'avoir acquis une plus grande expérience des planches, et ce ne fut que trois mois plus tard, aux premiers jours de l'année 1840, qu'Ozy débuta sur la scène des Variétés, dans le rôle d'Agathe, lors de la reprise des *Enragés*. Son bonheur était complet : elle était parvenue à jouer sur le même théâtre que son cher Brindeau et gagnait 1.200 francs par an !

Le public lui fit bon accueil. La nouvelle venue plaisait par sa jeunesse, sa grâce naturelle, l'espièglerie de son jeu, mais elle retenait surtout les regards par la finesse de son visage au nez retroussé, son teint un peu pâli sous une profusion de cheveux châtains, ses formes élancées, souples, que l'on devinait à la fois parfaites et sculptées d'une manière élégante. Le premier succès que remporta la jeune actrice fut, huit mois plus tard, sa création du rôle de Louise dans *le Chevalier du Guet*, vaudeville en deux actes de Lockroy. Elle s'y révéla bonne comédienne, lançant le mot avec assurance et sang-froid, chantant les couplets avec beaucoup d'humour. On l'applaudit et ses appointements furent aussitôt élevés à 2.000 francs. Au cours de son feuilleton du *Moniteur Universel*, M. Sauvage lui prédit un brillant avenir dans l'emploi de soubrette et conseilla au Théâtre Français de s'attacher cette future étoile. Cet avertissement ne fut pas entendu.

Celle qui devait plus tard acquérir une enviable réputation d'esprit, passait alors pour affligée d'une naïveté proverbiale; dans les coulisses, ses camarades ne lui épargnaient pas les charges les plus saugrenues. On lui fit croire notamment que le gouvernement venait de découvrir à Montmartre une mine de fromage de gruyère dont l'exploitation assurerait la subsistance des pauvres gens. Guidée par son bon cœur et peut-être aussi par un secret désir de spéculation, elle demandait à tout venant où se souscrivaient les actions de cette mine! — Autre mystification : un jour qu'après le déjeuner elle se rendait aux Variétés pour une répétition, elle s'étonna fort de voir la rue Vivienne jonchée de paille. Elle questionna l'actrice qui l'accompagnait : « C'est, — lui fut-il répondu, — pour que le bruit des voitures ne nous gêne pas pendant que nous répéterons. » Alice, tout émue de la bienveillante attention de son directeur, sentit les larmes lui monter aux yeux... — Enfin, lorsque Hyacinthe voulait se donner le plaisir de la voir pleurer, il lui suffisait de se composer une figure sinistre et de lui prédire qu'elle deviendrait fatalement une femme entretenue!

Cette candeur, déjà incertaine, ne pouvait que s'affaiblir de plus en plus jusqu'à disparaître. On sait comment l'esprit vient aux filles et M. de La Fontaine, pour ne citer que celui-là, le savait bien avant nous.

Un soir, Ozy arriva au théâtre, enveloppée d'un somptueux cachemire, le pétillement du champagne dans le regard, et la Pentecôte de l'amour sur les lèvres. Ce soir-là, l'esprit lui était venu, au grand détriment de la naïveté première. Mlle Ozy avait trouvé sa voie, l'avenir lui semblait tout rose. Elle plaisait au public et s'incarnait merveilleusement à ses rôles de soubrette espiègle, égrillarde et effrontée; ses camarades l'estimaient, car, chose rare, elle mettait en valeur ses partenaires, savait écouter et donner vivement la réplique.

***

Sur ces entrefaites, Ozy débuta brillamment dans la galante carrière qui lui valut la célébrité. Son premier amour est chiffré d'une couronne princière.

Madame Adélaïde ayant décidé de donner, aux Tuileries, la comédie à la famille royale, on joua *le Chevalier du Guet*. Ozy, dans le rôle de Louise, était ravissante de jeunesse et de grâce; elle enthousiasma le duc d'Aumale revenu depuis peu de la campagne d'Afrique et tout enivré encore de sa marche triomphale à travers la France.

Ce fut le premier amour du prince, sa liaison avec la Florentin, de l'Opéra, n'ayant été qu'éphémère. La jeune actrice habitait la Maison d'Or, rue Laffitte; elle se trouvait ainsi la voisine de Villemessant qui regardait curieusement par la fenêtre et la voyait sortir au bras du prince, vêtue en homme, ce qui souvent la faisait prendre pour le duc de Montpensier. Villemessant s'intéressa à ces escapades et plus tard, lorsqu'Ozy quitta la scène, il rappela ses souvenirs dans un long article du *Figaro,* article qui devint ensuite un chapitre des *Mémoires d'un journaliste* (1).

L'intrigue, connue à la cour dans ses moindres détails, égayait fort les princes qui donnèrent à leur frère le surnom de *Raimbauld* et chantaient en le voyant partir : « *Je vais revoir Alice, Alice, mes amours...!* » La reine, chez qui les scrupules religieux cédaient à l'indulgence maternelle, s'écriait en soupirant : « Ce n'est pas bien, mais c'est encore plus moral que de déranger un ménage! »

Le jeune duc avait passé brusquement de l'éducation religieuse à la vie militaire. Son amour ne pouvait modifier son caractère et, dans les intervalles de la passion, sa maîtresse s'entendait dire. « Vois-tu, ma petite Alice, il n'y a de réel en ce monde que la piété et la vertu », — ou bien le prince s'attardait à lui raconter, dans tous leurs épisodes, ses campagnes d'Afrique, n'évitant pas le mot rude et coloré d'un vieux de la vieille, dépeignant à sa maîtresse les marches dans le désert, les hésitations des soldats exténués, la nécessité pour lui, leur chef, de leur rendre courage en payant de sa personne, de partager leurs peines, et cela malgré l'ordre formel du général Bugeaud qui voulait lui faire quitter l'Algérie et regagner la France. Le duc s'animait au souvenir de cette vie des camps qu'il comprenait si bien et aimait tant.

---

(1) T. I, p. 134.

Le prince était alors colonel du 17ᵉ léger ; son régiment tenait garnison à Courbevoie. Il lui arriva plus d'une fois d'emmener Alice pour assister incognito à une revue, à une prise d'armes, blottie au fond d'un coupé, — comme Madame de Maintenon derrière la glace de sa chaise, — et le jeune colonel, aussi chevaleresque, aussi heureux que son aïeul Louis XIV, montrait à la jeune femme le drapeau de son régiment, ne pouvant comprendre qu'elle le regardât sans pleurer. Lorsque l'actrice arrivait à Courbevoie, la musique du 17ᵉ, sur l'ordre du prince, jouait la chanson *Kradoujah, ma maîtresse*... Le duc d'Aumale affectionnait cet air populaire importé d'Algérie où tous les soldats le chantaient ; il en avait fait l'hymne de son bonheur.

Tout allait pour le mieux, l'amour des deux amants s'affirmait sincère et réciproque, leur liaison semblait durable, lorsque l'inconstante rencontra M. E. de Perrégaux, fils du banquier de Louis-Philippe. Avec le luxe d'un gentilhomme d'autrefois, M. de Perrégaux en affichait la prodigalité ruineuse. Un soir, à la porte des Variétés, Ozy trouva un attelage de vingt mille francs qui paraissait l'attendre. Craignant de faire un trop beau rêve, elle demanda à qui appartenait l'équipage : « Mais à Madame la marquise de... Carabas », aurait pu répondre le valet de pied en ouvrant respectueusement la portière. Ne pouvant résister à sa nouvelle fortune, Ozy se conduisit courtoisement et prévint le prince avant de rompre avec lui. Quelques jours plus tard, elle recevait une lettre de l'abandonné, lettre dans laquelle se lisait ce passage : « Ne trouvez-vous pas que je suis un peu Des Grieux ? Je vous aime davantage depuis que vous ne m'aimez plus... Restez deux ans sans revoir M. de Perrégaux pour que votre cœur redevienne vierge, et alors... »

Le duc n'avait pas atteint sa majorité; l'héritier des Condé ne pouvait disposer que de mille écus par mois. C'était peu pour rivaliser avec le comte de Perrégaux ! La liste civile lui retenait ses revenus sous prétexte de les affecter à l'entretien des châteaux légués par son grand-oncle le duc de Bourbon mais, en réalité, pour l'empêcher d'entreprendre de dangereuses folies. Du reste, à quelque temps de là, ayant été nommé maréchal de camp, le duc retournait en Algérie, et la vie intense du soldat dissipait les regrets de l'amant.

Lors de son mariage, en novembre 1844, Ozy prit l'initiative de lui rendre toutes ses anciennes lettres. Elle fit cela spontanément, sans en être priée, et ainsi disparut toute une correspondance renfermant de fort belles pages, paraît-il. Le prince crut reconnaître cette délicatesse par un envoi de billets de banque. La jeune femme, un peu piquée, refusa de les recevoir et les retourna avec ces mots : « Je ne suis pas dans la misère... J'aurais préféré un souvenir. »

***

En même temps qu'Ozy quittait le duc d'Aumale pour suivre le comte de Perrégaux, elle devint l'amie de Théophile Gautier.

Au mois de septembre 1843, un vaudeville en trois actes de Théophile Gautier et Siraudin, *le Voyage en Espagne*, allait entrer en répétition aux Variétés. On avait désigné Alice Ozy pour y figurer une Rosine, mais ce petit rôle excitait l'envie de ses camarades et Alice craignait de s'en voir déposséder. Quelqu'un lui conseilla d'aller voir Gautier et d'obtenir son appui. Toute tremblante, elle sonna à la porte du critique.

Gautier l'accueillit le mieux du monde, promit de lui conserver le rôle, la pria même de partager son dîner. Ce n'était pas encore l'heure de se mettre à table et, pour occuper les loisirs de l'attente, il supplia sa charmante visiteuse de lui permettre de la voir nue : il jurait de ne pas l'approcher ; il la regarderait seulement et écrirait de verve devant la muse dévoilée. Ozy s'effaroucha, puis sourit. Il y avait là, par hasard, un bain tout préparé ; elle y entra et bientôt s'endormit, tandis que Gautier travaillait. Pour la remercier, le poète composa ce quatrain enthousiaste :

> Pentélique, Paros, marbres neigeux de Grèce
> Dont Praxitèle a fait la chair de ses Vénus,
> Vos blancheurs suffisaient à des corps de déesses...
> Noircissez, car Alice a montré ses seins nus !

Cette visite fut le prélude d'une longue et fidèle amitié, amitié évidemment amoureuse, *flirt* si l'on veut, sans plus, Ozy, du moins, l'a toujours affirmé — pourquoi ne la croirait-on pas ? Gautier bénéficia parfois de larges privautés ; mais s'il lui arrivait de devenir entreprenant, elle le rappelait à l'ordre. Souvent, Alice passait de longues heures avec son cher Théo heureux de rester près d'elle, à condition qu'elle abandonnât son pied à ses caresses. Alors le poète enlevait le fin soulier, gardait dans ses mains jointes la jolie petite chose vivante, sans solliciter d'autres faveurs. Ils causaient. Et,

Dessin de Théophile Gautier.

quand Alice se plaignait d'être fatiguée, Gautier disait d'une voix caressante : « Qu'est-ce que cela peut te faire? Ne suis-je pas bien sage? »

Gautier, par la suite, décerna deux autres quatrains galants en hommage à cette beauté complaisante et cependant étrangère :

> Herschell et Leverrier, ces dénicheurs d'étoiles,
> Cherchent des astres d'or au sombre azur des soirs;
> Mais moi, sur ton beau flanc que nuagent tes voiles,
> J'ai, dans un ciel de lait, trouvé deux astres noirs! (1).

Le second, quelque peu obscur, est « en bouts rimés » :

> Sur la rose pompon de la bouche d'Alice,
> Le jour, vole un sourire, abeille au dard méchant;
> Le soir, l'abeille part, et tendre, et sans malice,
> La rose désarmée embaume le couchant.

Le plus beau titre de gloire auquel pourrait prétendre Alice Ozy serait — comme je le présume — d'avoir posé l'admirable modèle d'après lequel Gautier écrivit cet hymne enflammé, *le Poème de la Femme*, qui parut pour la première fois dans *la Revue des Deux Mondes* du 15 janvier 1849, et se déroula plus tard au fronton d'*Emaux et Camées*. C'est une des grandes

---

(1) Le *Nouveau Parnasse satyrique du dix-neuvième siècle* (1866, p. 71) attribue par erreur ce quatrain à Victor Hugo et donne cette variante du troisième vers : « *Et moi, sur ton beau sein, dont j'écarte les voiles* ».

pages du poète. La femme s'y reflète dans son orgueil, sa grâce et sa volupté. Ses attitudes sont fixées par la plastique des mots et immobilisées par la strophe comme sur un socle de divinité. La statue entière et parfaite, debout sur le seuil, se multiplie en médaillons à travers le livre. Le poète démembre la beauté, pour ainsi dire, et, au cours des pages, l'adore dans chacun de ses fragments. Il dessine en vers les lignes, les contours, et les revêt d'une couleur lumineuse et chaude, réunissant, avec un art suprême, la peinture et la sculpture à la poésie, en formant un groupe indivisible, comme celui des Grâces (1).

Gautier lut souvent le «blanc poème» de ce corps, et, certain jour, convia un ami à en écouter une strophe. Il se présenta chez l'actrice, accompagné d'une personne que celle-ci ne connaissait pas, — le sculpteur Préault, — et demanda comme une grâce qu'Ozy consentît à montrer son pied nu au visiteur. Ce pied, Préault se mit à le couvrir de baisers. Un moment même, ce petit homme gros, couperosé, aux yeux saillants, faillit tomber d'apoplexie, tant il apportait de ferveur à sa dévotion esthétique... Toutes ces choses troublaient Alice et l'inquiétaient. Pour qualifier ces demi-amants, elle eut un mot que les Goncourt notèrent dans leur *Journal* (2) : « Que voulez-vous, — dit-elle, — ce sont des cérébraux ! »

Les allures de tous ces cérébraux qu'elle admettait chez elle, l'effrayaient un peu. Souvent ils rêvaient tout haut et atteignaient un état de surexcitation nerveuse qui

---

(1) Cf. PAUL DE SAINT-VICTOR, article sur *Emaux et Camées*. — *Le Pays*, 26 juillet 1852.

(2) T. VII, p. 8.

les eût fait prendre pour des fous. Dans le salon de la rue de Provence, Gautier, assis par terre, les jambes repliées, dans une apparence calme et somnolente, murmurait doucement : « Quand donc ne verrai-je plus ces bourgeois courir à quatre pattes sur la corniche du plafond?... » ou bien : « J'ai toujours désiré voir une femme nue, à califourchon sur la plus haute branche d'un arbre, avec un c... vert et poussant vers le ciel des hurlements!... »

Ozy n'encourageait pas ces divagations fantaisistes comme le fit celle qui, pour plusieurs d'entre eux, fut la *Présidente*. Les bizarreries ne l'amusaient qu'un moment; bientôt fatiguée, elle plantait là les discoureurs, et ordonnait d'atteler son coupé bleu pour s'enfuir vers le Bois de Boulogne.

* * *

Sa liaison fort apparente avec le duc d'Aumale, l'a mise en vedette; l'amitié de Gautier lui procure la sympathie des journalistes et des écrivains. Chaque fois que l'actrice joue une pièce nouvelle, les critiques ne manquent pas de lui prodiguer des hommages flatteurs. Les succès de femme ne lui manquent pas non plus; elle est alors dans tout l'épanouissement de sa beauté, rehaussée par le luxe extrême dont l'entoure M. de Perrégaux. Les petits journaux lui sont favorables, recueillent soigneusement ses mots, — lui en prêtent même à l'occasion. Maintenant, elle va de pair avec ses émules de la haute galanterie, les Lola Montès, les Léonide Leblanc, les Céleste Mogador; elle est proclamée courtisane célèbre, elle traite de haut les prétendants, choisit, exige un long stage de cour et renvoie aux vulgaires *biches* ceux qui font sonner trop fort leurs écus. Au Bois, chacun se retourne à son passage; les élégantes étudient ses toilettes. Elle devient une puissance, tout s'incline devant sa grâce. Des princes, des financiers, se font présenter et n'ont d'autre désir que de figurer dans sa glorieuse phalange amoureuse. S'il lui plaît, elle n'a qu'à exprimer son caprice. L'argent ne l'inquiète guère. Elle a quitté la Maison d'Or pour l'aristocratique rue de Provence. Aucun nuage à son horizon, une veine persistante, insolente, s'attache à ses pas; tout lui réussit, ...même les accidents. Au printemps de 1843, aux courses de Chantilly, elle prend place dans le phaéton de M. de Perrégaux. Les chevaux s'emballent vers la pièce d'eau. Une catastrophe est probable : « Je parie mille louis, s'écrie M. de Montguyon, qu'Ozy en sera quitte pour la peur et que l'accident facilitera sa digestion ». On tint le pari, et le célèbre sportsman gagna.

La jeune femme professe des principes sévères; elle estime ses faveurs trop précieuses pour les abandonner à la merci d'une enchère, si forte soit-elle. Elle exige avant tout que le galant lui plaise et rebute de la belle façon l'arrogant qui osa, au théâtre, lui faire tenir ce billet par trop régence, quoique signé d'un très grand nom flamand :

Madame, — écrivait le prince de C., — voulez-vous pardonner la liberté que je prends de vous écrire ces quelques mots, mais votre esprit et votre gaieté, surtout votre figure spirituelle, ont fasciné ma tête. Si vous voulez bien m'accorder rendez-vous pour ce soir, veuillez faire demander le porteur du présent qui est chargé de faire vos volontés et de prendre vos ordres. Je mets aussi ma voiture à votre disposition, ainsi qu'une bourse de mille louis. Je vous aime.

Toute autre eut tenté cette fructueuse aventure, Ozy chiffonne négligemment la déclaration et la jette au fond d'un tiroir. A plus forte raison méprise-t-elle les propositions que lui adressent les vénérables duègnes affectées à ce genre d'entreprises. Voici, intégralement, ce qu'écrivit un jour l'une de ces Macettes :

Madame, ce n'est qu'hier à cinq heures qu'on est venu me demander votre réponse; je l'ai faite exactement telle que vous me l'aviez donné. La personne m'a répondu : « Je ne puis pas accepter cette manière, j'espérais pouvoir aller chez Madame en lui faisant un cadeau qu'elle dicterait et je serais libre de continuer ou de me retirer, car elle n'est pas libre, ni moi non plus; c'est donc une entrevue positive que je désirais, mais je ne puis pas soupirer et faire la cour. »

Quand j'ai reçu cette réponse, alors j'ai confirmé la vôtre en disant la vérité : Madame Ozy n'a besoin de rien, elle est comme toutes les dames, coquette et curieuse de voir une personne qui la désire depuis si longtemps. C'est une petite distraction qu'elle voulait se procurer, mais pour un caprice chiffré, elle ne veut pas en entendre parler.

Voilà, Madame, comme les Messieurs sont aujourd'hui : payer, oui, mais la cour, non. Je regrette bien de vous avoir dérangé et je vous remercie bien sincèrement de la bonté avec laquelle vous m'avez reçu. Je n'avais pas besoin de cela pour conserver de votre esprit un charmant souvenir.

Quel chef-d'œuvre! J'imagine qu'Ozy s'en sera amusée librement, puisque sa nouvelle fortune lui permettait de mépriser les intrigues clandestines.

Pourtant le comte de Perrégaux la délaisse, il vient de s'éprendre de Marie Duplessis, la prochaine Dame aux Camélias, au point qu'il l'épouse secrètement en Angleterre. Ozy ne s'inquiète pas pour si peu; elle voyage, séjourne à Bade où elle provoque l'estime des croupiers par son élégante désinvolture autour des tables de jeu. La sachant libre, ou à peu près, une amie qui accompagne à Saint-Pétersbourg son amant, — un prince, comme de juste, — lui adresse des lettres amusantes dans lesquelles elle raconte la vie galante en Russie, et engage vivement son amie à venir la rejoindre. Ozy conserva ces lettres. Il serait trop long d'en reproduire les curieux bavardages; je me borne à quelques extraits :

Mon bon petit ange... J'ai été bien heureuse, l'autre jour, lorsque l'on m'a dit que c'était vous qui aviez le plus de succès à Paris, cet hiver. Quand vous en serez lasse, venez ici, vous pouvez être sûre de réussir : toutes les dames du théâtre sont contentes de leur sort... Je voudrais bien savoir quels ont été et quel est l'heureux mortel qui possède cette charmante petite créature que j'aime de tout mon cœur. Ecrivez-moi une bien longue lettre si cela ne vous ennuie pas trop; donnez-moi de grands détails sur ce que vous faites, et puis des cancans, je vous en prie! Adieu, mon bon petit ange, un million de baisers sur vos jolies petites joues roses. — J'ai vu dans *l'Illustration* une petite gravure qui vous représente, ainsi que Mlle Figeac et Arnal; je crois que c'est dans une pièce intitulée *Robinson*. Nous parlons de vous bien souvent, et nous faisons toujours l'éloge de votre gentille personne, de votre esprit sans aucune prétention et de votre amabilité pour les autres femmes, chose bien rare, surtout en Russie, car toutes ces dames se déchirent entre elles, vivent séparées et ne se voient qu'au théâtre. Du reste, leur position n'est pas très brillante; il n'y a ici que des jeunes gens qui se mettent avec les artistes et ceux-là n'ont pas de grandes fortunes... L'empereur est de retour d'Italie, c'est un homme superbe; on le rencontre toujours au théâtre et — ce qui vous plaîrait, j'en suis sûre, — c'est qu'on peut lui parler aux bals masqués qui sont très jolis et très amusants. Il n'y a pas cette foule parisienne, et ceux qui aiment à intriguer se trouvent sans cesse à côté de l'empereur, du grand duc Michel, son père, du grand duc héritier, enfin de toute la cour. Si tout cela pouvait vous donner l'envie de venir !...

Mlle Ozy est trop parisienne pour aller poursuivre les grands ducs dans leurs domaines glacés. Tout au plus consent-elle à signer un engagement avec M. Mittchell, directeur du Théâtre Saint-James, pour jouer, pendant quelques semaines, devant le public londonien.

Durant ce court séjour sur les bords de la Tamise, elle fait la conquête d'un prince allemand, un Saxe-Weimar, puis revient à Paris prendre place dans la troupe du Vaudeville. Elle avait quitté les Variétés au moment où Nestor Roqueplan engageait Déjazet; il faut regretter ce coup de tête : quelle gentille soubrette elle eut fait aux côtés d'une telle maîtresse !

Mais les directeurs lui réservaient d'autres rôles. Les féeries-revues étaient en pleine vogue, qui donnaient lieu à un grand développement de mise en scène, de figuration, de costumes, — quant aux actrices, on commençait déjà à les déshabiller sournoisement. L'artiste ne comptait plus, il ne restait que la femme: Ozy fut l'une des premières *fées* en maillot de couleur chair, avec deux ailes dans le dos et une baguette à la main.

Sinon pour sa pudeur qui ne semblait guère sauvage, elle n'avait rien à craindre d'un maillot précis, et cette enveloppe légère dispensait le costumier de toute retouche ; la jeune femme, grâce à la soie protectrice qu'elle gantait à sa mesure en l'animant de son corps chaud et souple, passait aux yeux du public pour l'apparition — à vrai dire modifiée par la censure autant que par le goût du jour, — d'une nouvelle Anadyomène.

A l'occasion d'une revue, *V'la c'qui vient d'paraître*, Ozy symbolisait l'avenir, et Gautier ne manqua pas, dans son feuilleton de la *Presse* (1), de souligner cette allégorie : « Mademoiselle Ozy a costumé l'avenir comme elle se le figure, c'est-à-dire avec une couronne de diamants, des boucles d'oreille de diamants, une châtelaine de diamants et des épis de diamants, — le tout véritable. Cette personnification de l'avenir en vaut bien une autre, surtout lorsqu'on est assez jolie pour la réaliser. Peut-être est-ce une fine allusion à la dépréciation future des diamants que doivent amener les nouvelles mines ? Ce trait d'esprit n'est pas à la portée de tout le monde, il vaut deux cent mille francs ! »

Dans *Un Mari perdu*, Ozy s'essaie à un rôle d'ingénue et silhouette, non pas une Agnès, — son œil trop ardent le lui défend ! mais une innocente un peu délurée dans le genre de Mimi Pinson, et porte à ravir le petit bonnet de percale, le tablier de soie, la robe grise assez courte, laissant voir un pied étroit et bien chaussé.

Bientôt, dans le *Roman comique*, on lui confie un rôle de marquise Watteau ; Gautier applaudit à ce travestissement et complimente son amie (2) :

---

(1) 5 janvier 1846.
(2) Feuilleton de la *Presse*, 20 avril 1846.

« Mademoiselle Alice Ozy, élégante sous son costume de marquise, avait, en bergère, la fraîcheur veloutée d'une Philis de trumeau. Ses formes sveltes et taillées pour la danse gagnaient aux transparences de la gaze ce que bien d'autres y auraient perdu ».

Elle rencontrait beaucoup d'envieux. On disait d'elle tout le mal possible, et l'*Annuaire dramatique* (1) résuma en trois lignes les propos malveillants :

« *Mademoiselle Ozy (Alice)*. — Toute la fatuité, toute la prétentieuse vanité, moins le talent, des grandes coquettes de nos premiers théâtres ».

On la raillait aussi, et Roger de Beauvoir remporta un mémorable succès en la caricaturant sous l'apparence d'une bacchante échevelée, tenant d'une main une coupe de champagne et de l'autre une... corne d'abondance. Le dessin avait pour légende :

« Ozy noçant les mains pleines. »

Un poète obscur, Joachim Duflot, risqua contre elle quelques couplets graveleux qu'apprécièrent les habitués des coulisses (2). Elle se souciait bien des jaloux et des moqueurs ! N'était-elle pas adorée, fêtée de tous, célèbre

---

(1) *Annuaire dramatique*, 1re année, 1845.
(2) *Nouveau Parnasse satyrique du dix-neuvième siècle*, p. 241 ; voir aussi *Parnasse satyrique du dix-neuvième siècle*, t. I, p. 182.

au point qu'en province elle devenait l'héroïne de toutes les gasconnades amoureuses des commis-voyageurs dont l'un, par exemple, devant qui l'on parlait de la charmante actrice, s'écria, plein de fatuité : « Ozy ?... Quand j'étais à Paris, tous les matins elle venait m'embêter à l'auberge du *Plat d'Etain!* »

Banville, lui aussi, se fit l'écho de cette popularité. Les *Occidentales* mentionnent plusieurs fois le nom d'Ozy :

>...Les lilas vont fleurir et Ninon me querelle,
>Et ce matin j'ai vu Mademoiselle Ozy
>Près des Panoramas déployer son ombrelle :
>C'est que le triste hiver est bien mort, songez-y !

Et plus loin, ce couplet d'une chanson :

>...Tout cela vient avec l'espoir
>D'aller à Mabille et de voir,
>Landrirette,
>Page et mademoiselle Ozy,
>Landrédy.

Le même Banville, jugeant que la vie joyeuse et facile de l'actrice n'était pas d'un bon exemple pour les jeune filles à marier, écrivit ce quatrain qui avoue peut-être davantage qu'il ne dit :

>Les demoiselles chez Ozy
>Menées
>Ne doivent plus songer aux hy-
>Ménées!

III

Au début de l'année 1847, Alice Ozy fit la connaissance de Victor Hugo et de son fils Charles.

Le père et le fils entreprirent aussitôt une cour assidue.

Victor Hugo avait 45 ans et brillait de tout l'éclat de sa gloire héroïque; il se montrait tel qu'il est resté jusqu'à sa dernière heure, sensuel et très entreprenant. Alice ne pouvait qu'être flattée de se voir distinguer par lui et Hugo, pour brusquer les événements, allait jusqu'à lui promettre de la faire entrer à la Comédie Française en lui réservant le rôle de Maguelonne dans la reprise de *Le Roi s'amuse*. Il s'attardait souvent chez la jeune femme, tentait de la séduire par sa conversation étincelante et ses galanteries raffinées, prenant pour un sentiment plus intime le respect admiratif avec lequel on l'accueillait.

Un jour, l'actrice pria Hugo d'écrire quelques vers à son intention. Il y consentit volontiers. Justement Ozy venait d'acheter un nouveau meuble, un lit en bois de rose avec incrustations de vieux Sèvres, d'un travail merveilleux. Toute au plaisir de posséder un lit aussi somptueux, elle le jugea digne d'inspirer le poète et dépêcha « au vicomte Hugo » le billet suivant :

Monsieur,

Je suis tellement charmée à la pensée que je pourrai avoir des vers de vous, que je n'hésite pas à faire une démarche plus qu'indiscrète.

Quoique vos moments soient bien précieux, accordez-moi un instant pour voir l'objet en question. Je vous en serai éternellement reconnaissante. Si cependant le sujet ne vous semblait pas digne d'une goutte d'encre, je ne m'en plaindrais pas, puisque j'aurais eu la faveur de votre visite.

Daignez agréer, Monsieur, mes civilités empressées.

Alice OZY.

Au bas de la page, il y a un *T. S. V. P.* et, au dos de la feuille, se trouve cet amusant post-scriptum :

En relisant ma lettre, j'ai cru lire une lettre comme j'en reçois souvent.

En vérité, ce n'est pas à un *homme* que je dois écrire ainsi ! Je déclare, pour le cas où cette épître tomberait en des mains étrangères, que je n'ai pas écrit ainsi à un *homme*, mais à un *demi-dieu*. Cette digression était nécessaire à ma dignité. A. O. (1).

---

(1) Cette lettre m'a été communiquée par M. Georges Victor-Hugo.

J'adresse ici à M. Georges Victor-Hugo l'expression de ma vive reconnaissance pour l'autorisation qu'il a bien voulu m'accorder de publier les documents dont je disposais.

Hugo accéda au désir de la jeune femme et lui envoya le soir même ce madrigal assez audacieux (vendredi 14 août 1847) :

Platon disait, à l'heure où le couchant pâlit :
« Dieu du ciel, montrez-moi Vénus sortant de l'onde ! »
— Moi, je dis, le cœur plein d'une ardeur plus profonde :
« Madame, montrez-moi Vénus entrant au lit ! »

Le lendemain, Ozy répondait :

Grand merci, Monsieur, les vers sont charmants, un peu légers peut-être, si je me comparais à Vénus, mais je n'ai aucune prétention à lui succéder.

A. OZY.

Le poète comprit que son vœu ne semblait pas sur le point d'être exaucé, et répliqua le lendemain :

Un rêveur quelquefois blesse ce qu'il admire,
Mais si j'osais songer à des cieux inconnus,
Pour la première fois aujourd'hui j'entends dire
Que le vœu de Platon avait fâché Vénus ! (1).

Vous le voyez, Madame, je voudrais bien vous trouver injuste, mais je suis forcé de vous trouver charmante. J'ai eu tort et vous avez raison. J'ai eu tort de ne me souvenir que de votre beauté ; vous avez eu raison de ne vous souvenir que de ma hardiesse. Je m'en punirai de la façon la plus cruelle, et je sais bien comment !

Donc vous, Madame, excusez, dans votre gracieux esprit, ces licences immémoriales des poètes qui tutoient en vers

_____

(1) Ces deux quatrains furent publiés dans le *Parnasse satyrique du dix-neuvième siècle*. Rome, à l'enseigne des sept péchés capitaux. T. l, p. 129.

les rois et les femmes, et permettez-moi de mettre en prose mes plus humbles respects à vos pieds.

Victor HUGO.

Dimanche midi (1).

* * *

Charles Hugo ne possédait alors pour tout bagage que le nom qu'il portait. Mais il avait vingt ans à peine et était beau comme le ténor Mario lui-même — disait-on.

Alice n'hésita pas à lui accorder la préférence.

Certain soir que Charles dînait chez Ozy en compagnie d'autres convives, on se leva de table hâtivement afin d'assister à la reprise d'*Angelo, tyran de Padoue*. Après une fausse sortie, Charles Hugo se cacha dehors, sur le balcon, et, quand tout le monde fut parti, il rentra... Alice eut grand peur! Bientôt rassurée, elle se laissa convaincre et consentit à accorder l'hospitalité que le jeune homme sollicitait.

Ainsi débuta leur amour (2).

---

(1) Ces vers et cette lettre ont été reproduits dans la *Correspondance* de V. Hugo, t. II, p. 78.

(2) Villemessant *(Mémoires d'un journaliste,* t. I, p. 144) raconte tout différemment l'incident : « Mademoiselle Ozy avait retenu Charles N... à dîner avec plusieurs autres de ses amis. Le soir, on donnait la reprise d'*Angelo, tyran de Padoue,* de sorte que les convives durent quitter la table un peu précipitamment, avant d'avoir pu attaquer un rôti de pigeons.

En sortant du théâtre, soit que notre amoureux éprouvât des tiraillements de cœur ou d'estomac (à pareille heure il ne distinguait pas), il prit sa course et vint carillonner à la porte de la Thisbé. Ozy entr'ouvre un vasistas et lance un « Qui va là ? » d'un son de voix qui annonçait un peu de mauvaise humeur d'être dérangée si tard.

— C'est moi, Mademoiselle... — fit le poète tout essoufflé, — je viens vous aider à manger les pigeons.

— Vous êtes fou! mon jeune ami, — reprit la spirituelle comédienne, — à cette heure on ne mange pas les pigeons, on les plume !»

Ozy s'indigna lorsqu'elle lut ces lignes ; elle écrivit aussitôt à Villemessant pour protester contre le mot cynique qu'il lui attribuait.

Dès lors, Charles Hugo supplia sa maîtresse de ne plus permettre à son père de se montrer aussi assidu auprès d'elle. Peut-être craignait-il que la gloire ne l'emporta sur un cœur jeune qui se donnait dans un absolu abandon. Ozy se rendit à ses instances et résolut de signifier au père de céder la place sans retour.

Elle le fit d'une manière fort spirituelle.

Victor Hugo n'aimait pas les dépenses superflues : il avait décrété que mille francs par mois devaient suffire à l'entretien de sa maison. On y faisait maigre chère en économisant sur toutes choses; Charles portait des vêtements très simples et ne disposait d'aucune ressource pour se donner un peu de luxe. Quand il devint l'amant d'Ozy, son rêve fut de mettre une chemise blanche chaque jour; son père, après avoir refusé, finit par consentir à ce caprice sous la condition que son fils renoncerait à sa côtelette quotidienne pour compenser les frais de blanchissage. Charles accepta le compromis. Sur ces entrefaites, comme Victor Hugo, très empressé auprès d'Ozy, mettait le monde à ses pieds, lui offrait de faire tout pour lui plaire, elle se pencha vers son oreille et murmura dans un sourire : « Rendez-lui sa côtelette ! »

Hugo se le tint pour dit. Il n'en conserva pas moins son amitié à la jeune femme et fréquentait chez elle en camarade, s'improvisant son sigisbée. Il lui faisait de temps à autre des cadeaux, notamment une lumineuse esquisse de Delacroix, le *Combat du Giaour*.

Voici un joli billet qu'en septembre 1847 il lui adressa :

Me plaignez-vous un peu, Madame; je comptais bien, enfin, avoir le bonheur de vous voir aujourd'hui, et voilà qu'un tas d'événements stupides en ont autrement disposé. J'en suis très mélancolique et je songe tristement qu'il devrait bien être dans l'ordre des choses que les fauvettes fassent des visites aux hiboux.

A bientôt pourtant, n'est-ce pas, Madame? et toujours à vos pieds.

Dans un autre, il fait allusion à la maladie de son fils cadet :

Il n'y avait qu'une réponse à vos charmants billets, c'était de courir chez vous, et voilà que celui que vous appelez si gracieusement le Toto tombe malade!

J'avais bien raison de vous dire de me plaindre. Je vous écris entre son lit et son médecin. J'irai vous voir, Madame, et me mettre à vos pieds dès que je pourrai vous porter un visage moins attristé.

En attendant, soyez belle, heureuse, charmante, et rayonnez comme c'est votre droit de fleur et d'étoile.

IV

Dès qu'il aima, Charles Hugo devint poète.

Son amour pour Alice Ozy a laissé une trace charmante et durable en des vers dédiés chaque jour, pendant six semaines, à la Muse qui les inspirait. L'amant transcrivit ses poèmes sur un album donné par lui et son écriture fine, distinguée, en couvrit peu à peu une centaine de feuillets. Relié en maroquin noir, fermé par une serrure à secret, cet album d'aspect peu engageant, presque lugubre, semblait mal destiné à devenir le missel d'un culte passionné. Qu'importe l'apparence! Charles Hugo le choisit pour recueillir cette guirlande tressée journellement à la louange d'Alice Ozy, maîtresse incomparable.

Charles Hugo avait vingt ans; ses vers sont les galants effluves d'un premier amour tout enthousiaste, tout spontané. Ils ont une grâce naturelle, une fraîcheur, une sincérité infiniment séduisantes : ce sont des impromptus écrits de verve, le sentiment seul les a dictés. Leur lyrisme emprunte souvent la forme du madrigal et trahit son époque. Parfois, des négligences, des faiblesses dénoncent l'œuvre écrite en quelques heures, sans retour; mais il ne faut pas s'arrêter trop à ces légers défauts, puisque l'ensemble produit une impression gracieuse et révèle un poète parfaitement doué, qui suit de préférence l'exemple de Gautier, connaît admirablement Musset et se dénonce fils de son père par l'emprunt de certaines tournures personnelles.

Ai-je besoin de prévenir le lecteur que les poèmes contenus dans l'album ont pour seul objet d'exalter les mérites d'Alice et de magnifier, en les énumérant, toutes ses perfections ? Ces madrigaux sont fréquemment composés dans le goût de ces blasons anatomiques où les auteurs de la Renaissance peignaient leurs dames touche par touche : *ses yeux, ses mains, la fossette de son poignet, sa bouche...* c'est matière à révérer les plus belles choses du monde. Il existe des exemples fameux de ce menu délire : les vers à Olive, les odes de Ronsard, les pièces de Malherbe ou de du Bellay.

***

L'album d'Alice Ozy s'ouvre sur un quatrain placé en guise d'épigraphe et dont l'accent désabusé s'accorde mal avec le contenu du recueil :

> Je donne à l'oubli le passé,
> Le présent à l'indifférence,
> Et, pour vivre débarrassé,
> L'avenir à l'espérance !

Le premier poème, d'un ton tout différent, nous présente d'emblée le vif du sujet :

> Vous êtes blanche et diaphane,
> Comme Vénus aux bras de lait,
> Comme Cléopâtre ou Diane
> Dont un berger blond raffolait.

J'aime votre col de camée,
Votre front de noblesse empreint,
Votre peau fine et parfumée,
Et vos yeux si doux — qu'on les craint!

Vos lèvres roses et discrètes
Qui, riches en baisers joyeux,
Doivent parfois payer les dettes
Que font en secret vos doux yeux.

Votre main en grâces abonde,
Et j'affirme, après examen,
Qu'il n'est que votre pied au monde
D'aussi petit que votre main.

Vous avez une grâce exquise :
Vous seriez de grande maison,
Vous seriez duchesse ou marquise,
Si la grâce était un blason.

Puis vous avez des airs Régence,
Vous avez, femme sans défaut,
A chaque pas de l'élégance
Et de l'esprit à chaque mot...

...Pardonnez-moi ces vers, Alice,
Je demande grâce pour eux :
Vous en êtes un peu complice
Dans la personne de vos yeux!

Ce sont vos yeux qui, dans mon âme,
Champ dont les fruits sont encor verts,
Ont fait sans s'en douter, Madame,
Eclore soudain tous ces vers.

Ils font leur possible pour plaire
Mais chacun d'eux est condamné,
Et vous les jetterez à terre
Comme on fait d'un bouquet fané.

Ainsi que ces fleurs des prairies
Qui subissent le sort commun,
Et qu'on jette toutes flétries
Quand on a senti leur parfum,

S'il vous en prend la fantaisie,
De ces vers lasse au bout d'un jour,
Jetez aussi ma poésie —
Mais respirez-y mon amour.

Puis, c'est le madrigal classique, subtil et galant :

Il faut que Cupidon aux cheveux d'or sommeille,
Ou que son lourd bandeau recouvre bien, s'il veille,
   Ses yeux bleus sous ses blonds sourcils,
Pour qu'il vous laisse ainsi, ma belle audacieuse,
Lui voler sur son dos ses flèches et, rieuse,
   Les glisser toutes sous vos cils.

Charles Hugo adopte ensuite le mode des blasons ; il déclare :

Ta bouche, ô mon Alice aimée,
Est une rose parfumée
Et qui fleurit depuis vingt ans !
Mais elle a, toujours fraîche éclose,
Un avantage sur la rose,
C'est d'être sans cesse au printemps

C'est une fleur mystérieuse
Que ta bouche, triste ou rieuse,
Et dont nous nous extasions !
Ton haleine en est le zéphire
Et le baiser et le sourire,
Alice, en sont les papillons !

Il affirme, à propos de la fossette de son poignet :

Lorsque tu relèves ta manche,
On voit au bout de ta main blanche,
Au bas de ton bras nonchalant,
Une fossette ! C'est bien elle !
On croirait voir une nacelle
Sur l'onde de ton poignet blanc.

Mes baisers, tristes hirondelles,
Chaque matin ouvrant leurs ailes,
Sortent de mon cœur de granit :
Ton bras les arrête au passage.
Ma bouche, hélas ! n'est que leur cage,
Ta fossette sera leur nid.

Après la bouche, il est juste que la voix reçoive, elle aussi, son tribut d'hommage :

Soit qu'elle parle ou qu'elle chante,
On entend dans ta voix charmante
Mille musiques à la fois.
Hier tu chantais, charme suprême !
Et tous les bruits divins que j'aime,
Je les retrouvais dans ta voix !

>...Oh ! si le rossignol, mon ange,
> Voulait avec vous faire échange,
> Ne changez pas, dites merci !
> Car vous avez sa voix, ô femme !
> Et puisque vous avez votre âme,
> Vous avez ses ailes aussi.

Peu à peu, ce lyrisme passionné atteint l'exaltation la plus vive et se déploie sans restriction aucune :

> Le jour où Dieu voulut te faire,
> Je crois que, dépouillant la terre
> D'esprit, de grâce et de fierté,
> Il a pris dans tous ses ouvrages
> La beauté de tous les visages,
> Et qu'il en a fait ta beauté.

> ... Je baise tes pieds blancs, à genoux sur la terre
> Où j'agenouille aussi mes vers estropiés,
> Car je ne puis monter jusqu'à toi, ma déesse,
> Et mes lèvres ne vont, quand vers toi je me dresse,
>   Qu'au niveau de tes pieds !

> ...Quand je suis près de toi, je dis au vent : silence !
> Aux cloches de la tour que l'angélus balance,
> Au rossignol des nuits qui chante dans les bois,
> A tous les bruits charmants qui montent sur la route :
> Taisez-vous, je l'entends ! taisez-vous, je l'écoute !
> Peut-être que vos chants étoufferaient sa voix !

> Quand je suis loin de toi, je dis au vent qui passe,
> A la cloche qui tinte au fond des noirs beffrois,
> A tout ce qui soupire, à tout ce qui murmure :
> Chantez ! de vos chansons emplissez la nature,
> Peut-être que vos chants me rediront sa voix !

Bientôt, l'humeur légère reprend le dessus :

> Pourquoi, Dieu sévère,
> As-tu fait, réponds!
> Si grande la terre,
> Les cieux si profonds?
>
> ...Pourquoi, Notre Père,
> Sans nécessité,
> Avoir voulu faire
> Ton immensité?
>
> ...Pourquoi tant de place,
> Quand, même enlacés,
> Je sens trop d'espace
> Entre nos baisers?

Voici maintenant une pièce amusante improvisée « Sur ses éponges » :

> Ce matin, tes grosses éponges,
> Tes éponges que nous aimons,
> Dans la cuvette où tu les plonges,
> Gonflaient à l'aise leurs poumons.
>
> Nous les prenions toutes trempées ;
> Pendant longtemps nous avions beau
> Les presser dans nos mains crispées,
> Il en sortait toujours de l'eau.
>
> Mon Alice, ô toi qui me charmes,
> Mon âme est une éponge aussi
> Qui, tant elle est pleine de larmes,
> Contient plus d'eau que celles-ci.

> Quand même, tandis qu'elle pleure,
> Tu la presserais nuit et jour,
> A toute minute, à toute heure,
> Il en sortirait de l'amour!

La pièce suivante évoque aimablement les bonnes relations de Théophile Gautier et d'Alice Ozy :

> Gautier, l'autre jour, t'a donné
> Un brûle-parfum de la Chine,
> Et j'ai l'âme toute chagrine
> De ce brûle-parfum damné!
>
> Car il en sort, quand on y pose
> Une pastille du sérail
> Rouge comme un grain de corail,
> Un tel parfum d'ambre et de rose,
>
> Qu'à partir de ce triste jour
> Vous n'avez plus songé, Madame,
> Au brûle-parfum de mon âme
> Où se consume mon amour.

Charles Hugo rencontrait fort souvent Gautier chez Ozy, et le poète se plaisait dans la compagnie du jeune homme à la fois timide et passionné.

A leur sujet, une historiette fut en son temps contée par Ozy : elle n'est pas méchante et possède le mérite d'avoir échappé aux courriéristes contemporains.

S'il péchait par le linge, Charles Hugo portait des habits à l'avenant, surtout certain chapeau antique et passablement élimé. Cette mise trop modeste chagrinait son amie et ce malencontreux chapeau l'énervait au suprême degré! Ne pouvant décemment lui en offrir un autre, elle eut recours à un expédient, avec la complicité de Gautier. Un prochain jour, Alice devait donner une soirée : il y aurait des étrangers, des Arabes, des Anglais, beaucoup de monde... On convient que Gautier, très myope, feindrait de s'asseoir par mégarde sur le chapeau de Charles qu'Ozy aurait placé sur une chaise désignée à l'avance : ce serait l'occasion d'en faire bien vite chercher un autre chez le chapelier voisin. A l'heure dite, Gautier entre dans le salon, avise un couvre-chef placé en évidence sur le canapé et s'assied dessus consciencieusement. — Grand émoi! c'était un chapeau tout neuf, appartenant à un Anglais qui eut le mauvais esprit de se fâcher!

En continuant à feuilleter l'album de maroquin noir, l'on rencontre la pièce capitale du recueil, un poème « en cinq chants », intitulé *Le Lit d'Alice*, ce même lit en bois de rose déjà célébré par Victor Hugo dans le quatrain : *Platon disait...* Ce poème — je devrais dire ce poème épique! — est un aimable drame conté à ravir, une fantaisie charmante, pleine d'entrain, parfois assez libre, où se fait reconnaître en maints passages l'influence directe de Gautier.

Voici le premier chant :

> Ton lit est en bois de rose :
> Il est fait assurément
> Non pour l'époux et la prose,
> Mais pour le vers et l'amant.

Bois de rose et palissandre !
Un enfant peut y sauter,
Il est aisé d'en descendre
Et malaisé d'y monter !

Cupidon, le roi suprême,
A pendu le long du bois,
Pour la bataille où l'on s'aime,
Ses flèches et son carquois.

Un médaillon bleu décore
Le lit de son dessin pur.
— Je ne veux pas dire encore
Qui l'on voit dans son azur.

Le ciel de lit — d'ordinaire
Ce mot charmant dont on lit
Le vrai sens dans la grammaire,
Veut dire le haut du lit.

Mais dans ton lit que je tremble
D'approcher plus qu'il ne faut,
Le Paradis, ce me semble,
Est plutôt en bas qu'en haut !

Mais écoutons la grammaire !
Mon vers rit à son aspect :
Le gamin à sa grand'mère
Manque, je crois, de respect ! —

Le ciel de lit Louis Treize
Est formé d'un vaste dais
D'où se répandent à l'aise
Les flots des rideaux épais.

On voit sur la draperie
Qui tombe à terre, à pans lourds,
Des fleurs de tapisserie
Sur un gazon de velours.

Une doublure cerise
De leurs plis garnit le dos :
Ta couche semble, surprise,
Rougir dessous ses rideaux !

Un nuage de dentelle,
Brouillard artificiel,
Dans ce lit d'une immortelle
Monte de la terre au ciel.

Un couvre-pied de guipure,
Comme on n'en voit pas ailleurs,
Semble, en sa blanche parure,
Couvert de neige et de fleurs.

Une glace où, quand tu veilles,
Tes yeux peuvent s'admirer,
En reflétant ces merveilles
S'habitue à te mirer !

Mais plus que toutes ces choses,
Plus que ces charmants trésors,
Que les rideaux et les roses,
Que les cuivres et les ors,

Que la glace où l'œil se mire,
Plus que flèches et carquois,
Dans ce lit ce que j'admire,
Ce sont deux Amours narquois,

Deux Amours à la peau rose
Qui, dans ces lieux sont venus,
Y devinant, je suppose,
La présence de Vénus!

Ils sont peints sur porcelaine
Dans le médaillon du lit,
Ils ont des traits par centaine
Dans leur carquois tout petit.

Ils sont là, les démons roses,
Dieux réels ou fabuleux,
Observant bien toutes choses
Du fond des médaillons bleus!

Ils paraissent fort en peine;
Ils ont tous deux l'œil ouvert,
Semblant attendre qu'on vienne
Habiter le lit désert.

Quand tu viendras, ô surprise!
Leurs ailes s'agiteront...
Et veux-tu que je te dise
Ce qu'en cachette ils feront?

A leurs noirs projets fidèles,
Au beau milieu de la nuit,
S'aidant des pieds ou des ailes,
Sans faire le moindre bruit,

A l'heure où l'alcôve sombre
De ténèbres se remplit,
Quand tu dormiras dans l'ombre,
Ils grimperont dans ton lit!

CHANT II

Profitant de l'indolence
Où ton corps sera jeté,
Ils monteront en silence
A l'assaut de ta beauté !

Ils emporteront sans peines
Le poste de l'oreiller,
Puis, de peur que tu ne viennes
Par hasard à t'éveiller,

De peur que tu ne soulèves
Ta paupière par hasard,
Et qu'au milieu de tes rêves,
A l'improviste, un regard

Ne sorte de ta prunelle,
Ils mettront, sous tes sourcils,
Deux baisers en sentinelle
A la herse de tes cils !

Quand leur prudence farouche
De tes yeux tiendra les forts,
Vers le siège de ta bouche
Ils tourneront leurs efforts.

La bouche ! Oh ! la bonne place !
Les portes sont de corail :
Amours, redoublez d'audace !
C'est ici qu'est le sérail !

C'est en ce lieu que repose,
Cruelle à tous, beaux ou laids,
La langue, la langue rose,
La sultane du palais.

Mais la place est bien gardée;
Vous trouverez au dedans,
Quand vous l'aurez abordée,
Une muraille de dents!

Attaquez pourtant la bouche!
Soyez hardis et rusés,
Envoyez en escarmouche
Deux de vos plus gros baisers!

La porte s'ouvre, elle cède...
La place baisse le pont,
La dent refuse son aide,
C'est la langue qui répond.

Pourquoi donc tant d'indulgence?
Toi, si cruelle toujours.
Je te crois d'intelligence,
O bouche, avec les Amours!

Les Amours, la bouche prise,
La langue mise en prison,
Laissent de peur de surprise,
Vingt baisers en garnison.

Vers le cou blanc qui s'incline
Ils s'avancent à tâtons
Et, rampant sur la colline,
Descendent les deux mentons.

Quand les dieux incendiaires
Sur le cou sont parvenus,
Ils franchissent les rivières
Des trois colliers de Vénus.

Dans ces rivières, Alice,
Las de ce nouveau labeur,
Ils boivent avec délice
Les gouttes de ta sueur!

Puis, quand leur soif est calmée,
Suivant leurs secrets desseins,
Il font, redoutable armée,
L'ascension de tes seins!

Sans que ton corps s'en défie,
Ils visitent, pas à pas,
Toute la géographie
Du royaume des appas.

Quand ils sont sur le sein gauche,
Usant des droits du vainqueur,
Chacun à son tour décoche,
Une flèche dans ton cœur.

Pour constater leur victoire,
Ils enfoncent dans ta peau,
Désormais leur territoire,
Une flèche pour drapeau!

Toi qui dors, beauté soumise,
Tu crois sentir vaguement
L'épingle de ta chemise
Te piquer légèrement,

Et ta main, sous la dentelle,
Fait alors un mouvement.
Mais soudain tu sens en elle,
Comme un engourdissement...

Sur ta main, levée à peine,
Ce sont mes Amours narquois
Qui te lancent par centaine
Les flèches de leur carquois.

Lorsqu'ils l'ont bien engourdie,
Ils laissent en paix ta main,
Et, d'une âme plus hardie,
Ils poursuivent leur chemin.

Ton ventre, montagne rose,
Leur semble être sans péril,
Le plus jeune se repose
Dans le creux de ton nombril.

Voici qu'ils pénètrent presque
Dans les lieux les plus secrets.
L'endroit devient pittoresque,
Après les monts, les forêts!

Leur route est alors si sombre
Que mon lutin familier
Qui les regarde dans l'ombre,
Assis sur ton oreiller,

Les perd tout à fait de vue
Et ne les voit pas entrer
Dans quelque allée imprévue
Qu'ils auront pu rencontrer.

Sans pénétrer ce mystère,
Nous pouvons croire toujours
Que ta beauté tout entière
Est au pouvoir des Amours!

CHANT III

Le lendemain, toute lasse,
Au sortir de ton sommeil,
Tu te trouves, dans la glace,
Le teint un peu moins vermeil.

Bien que ton cœur te démente,
Tu te dis avec horreur,
Ne te trouvant que charmante :
« Je suis laide à faire peur! »

Ta figure, fraîche et gaie
D'ordinaire le matin,
Te semble bien fatiguée
Sous son duvet de satin.

Tu trouves, toute étonnée,
Tes oreillers secoués,
Ta batiste chiffonnée,
Tes cheveux tout dénoués,

Ta dentelle fourragée,
Et, quel étrange embarras!
Ta chemise ravagée
Sur ton sein et sur tes bras,

Ta lèvre un peu violette,
Ton œil brun un peu battu,
Et dans toute ta toilette,
Les brèches de ta vertu !

Ton lit blanc qui se débraille,
Dont le couvre-pied s'abat,
A l'air d'un champ de bataille
Le lendemain d'un combat.

Les draps, livrés au pillage,
Retombent flasques et lourds,
Et laissent croire au passage
D'une garnison d'Amours !

Comme après une défaite,
Ton oreiller dévasté
Se repliant sous ta tête
Semble las d'avoir porté

Sur sa dentelle flétrie,
Sur ses plis encor froissés,
Toute la cavalerie
De ces dragons de baisers !

Toi, de plus en plus confuse,
Tu tâtes avec tes doigts,
Mais ton esprit se refuse
A croire ce que tu vois.

« Mon Dieu, quelle étrange chose !
» Cette nuit, assurément,
» J'ai, dans ma chambre bien close,
» Couché seule et sans amant.

» D'où vient que je suis si lasse ?
» Quoi, sans me douter du tour,
» J'aurais donc, à cette place,
» Sans l'amant reçu l'amour ?

» La chose me paraît louche !
» Que croire le lendemain ?
» J'ai le baiser sans la bouche,
» La caresse sans la main !

» O mystère doux et sombre !
» Aurais-je, comme Psyché,
» Reçu cette nuit, dans l'ombre,
» Quelque Cupidon caché ? »

Et tandis qu'ainsi tu songes,
Toute à tes illusions,
Evoquant tes beaux mensonges
Et tes belles visions,

Dans la chambre où tu reposes,
Alice, n'entends-tu pas
Deux petites bouches roses
Rire tout bas aux éclats ?

CHANT IV

Ton amant vient à deux heures,
— C'est l'heure de ton amant.
Il t'embrasse... Mais tu pleures ?
« Qu'as-tu ? » dit-il doucement.

— « J'ai... que je suis la maîtresse
» D'un amant mystérieux
» Dont je ne sais pas l'adresse,
» Mais qui doit loger aux cieux.

» Il est dans la voûte bleue,
» S'il n'est pas dans mon couloir ;
» Et je vous fais une queue
» Avec lui, sans le vouloir.

» Cette nuit, j'ai couché seule,
» Je le proclame bien haut,
» Seule hélas! comme une aïeule
» Comme un enfant au maillot.

» J'ai couché seule, j'en jure !
» J'ai, le fait est peu commun,
» Couché seule, j'en suis sûre,
» — En couchant avec quelqu'un !

» — Avec qui donc? — Je l'ignore.
» Est-ce un homme? est-ce un lutin?
» Je me trouvais seule encore
» En m'éveillant ce matin.

» Folie ou chose réelle,
» D'un fait soyez convaincu,
» C'est que je vous suis fidèle,
» Mais que vous êtes cocu ! »

CHANT V

Le soir, dans la chambre close,
L'amant qu'un soupçon remplit,
Se doutant de quelque chose,
S'est caché tout près du lit.

Il veut voir, l'amant farouche,
L'amant farouche, il veut voir
Si le voleur de sa couche
Osera venir ce soir.

Il tient dans sa main crispée,
Sous un pli de son manteau,
Une dague bien trempée,
Deux pistolets, un couteau.

Ne croyez pas qu'il recule!
Il couperait en vingt parts
Les deux oreilles d'Hercule,
Les deux narines de Mars!

Toi pourtant, tu dors dans l'ombre,
Fenêtres et volets clos,
Sans songer au projet sombre
Du plus noir des Othellos!

Derrière la draperie,
Dans son fourreau tourmentant
Son épée et sa furie,
L'amant observe. Il attend.

On entendrait une mouche
Dans l'alcôve circuler.
Mais jusqu'ici rien de louche!
Personne! — Il n'entend voler

Dans les ombres amoureuses,
Malgré son attention,
Que les ailes vaporeuses
De ta respiration!

D'ailleurs, la porte est bien close
A double tour, au verrou;
Par où ce rival, s'il l'ose,
Pourra-t-il entrer? par où?

Va-t-il sortir, dieu sauvage,
A cheval sur un griffon,
D'une trappe ou d'un nuage,
Du plancher ou du plafond?

Va-t-il venir sur ta couche,
Possesseur d'un talisman,
Porté par un noir farouche,
Comme Caramalzaman?

Est-ce un djinn qui va descendre
Sur son balai de combat,
Ne sachant quel chemin prendre
Pour arriver au sabbat?

Est-ce un sorcier? Est-ce un gnome?
Cet être immatériel
Va-t-il, démon ou bien homme,
En enfer? Vient-il du ciel?

Sera-t-il visible ou vague?
Pour accomplir son dessein
De Gygès a-t-il la bague,
A-t-il le tapis d'Houssain?

D'Amine a-t-il la baguette?
De Danhasch a-t-il l'appui?
Qu'importe! — L'amant le guette
Et, s'il vient, malheur à lui!

L'amant qui tout bas le raille,
Qui veille, adroit espion,
Le clouera sur la muraille,
Comme on pique un papillon.

Dans l'ombre mystérieuse,
Vers le lit il tend le cou.
Aux lueurs de la veilleuse,
Il observe... Tout à coup

Il croit voir, — et tout de suite
Son front ténébreux pâlit, —
Quelque chose qui s'agite
Dans le médaillon du lit!

Est-ce une erreur? un mensonge?
Serait-ce une illusion?
Est-ce un cauchemar? un songe?
Une hallucination?

Il voit, l'étonnante chose!
Il voit, il voit de ses yeux,
Les deux Amours peints en rose
Parmi des nuages bleus,

Ouvrir sans la moindre peine,
Sur leur dos de papillon,
Leurs ailes de porcelaine
Et s'enfuir du médaillon!

Il les suit dans leur voyage.
Ils vont d'abord en tous sens,
Comme des oiseaux en cage
Qui prendraient la clef des champs.

Puis ils volent sur ta couche,
Et, sans s'arrêter ailleurs,
Ils vont tout droit à ta bouche :
Ils se connaissent en fleurs !

Revenu de sa surprise,
L'amant qui devine tout,
Sans faire de bruit, aiguise
Son long poignard par le bout.

Puis, dans son esprit, d'avance
Méditant quelque affreux coup,
De sa cachette il s'avance
Près du lit, à pas de loup.

En rampant jusqu'à ta couche
Il arrive lentement.
Puis, l'œil en feu, l'air farouche,
Il se lève brusquement,

Et par leurs ailes vermeilles,
Comme un écolier cruel,
Il saisit les deux abeilles
En train de faire leur miel !

« Je vais, dit-il, sur mon âme !
» Mes beaux petits Cupidos,
» Vous couper avec ma lame
» Vos deux ailes sur le dos !

» Ainsi, de cette manière,
» Vous ne pourrez plus, c'est dit,
» Faire l'amour buissonnière
» Hors des barrières du lit ! »

Il dit et, l'homme intrépide,
Les corrigeant pour toujours,
D'un coup terrible et rapide
Il coupe l'aile aux amours.

Puis, pour terminer leur songe,
Cruelle punition !
A jamais il les replonge
Au fond de leur médaillon.

(Dimanche et lundi).

Après cet intermède joyeux, le thuriféraire reprend l'encensoir. Il se reconnaît incapable de payer la dette de sa félicité :

Moi qui suis pauvre, hélas ! moi qui ne puis, Madame,
Rien vous offrir en retour de votre âme,
Pas même un diamant, tout au plus une fleur,
Dont la poche est toujours vide quand je la sonde,
A qui Dieu n'a rempli, quand il m'a mis au monde,
    Que la bourse du cœur,

J'aurais beau dépenser pour vous cette richesse,
Avoir toujours en moi des trésors de tendresse,
Vous offrir un amour qui ne peut s'épuiser,
Et retirer pour vous, de ma lèvre en délire,
Jusqu'à mon dernier souffle et mon dernier sourire
    Et mon dernier baiser,

J'aurais beau dépouiller mes bras de leurs caresses
Et couvrir chaque jour, dans mes douces détresses,
Des ardeurs de mes sens votre corps adoré,
J'aurais beau ruiner mon âme avec délice,
Hélas ! j'aurais toujours à vous payer, Alice,
    Un immense arriéré !

Un nouveau blason vient ensuite, qui s'attarde « sur ses mains » :

> Tes mains ont l'air spirituelles,
> Si j'avais la permission,
> Ma bouche serait avec elles
> Sans cesse en conversation.
>
> Tes mains ont des gestes de chatte
> Et tu grifferais tous les jours,
> Si ta chère petite patte
> Pouvait n'être pas de velours !

Puis c'est un parallèle entre Gautier et « elle » :

> J'aime à vous voir tous deux, car Gautier vous complète,
> Comme vous complétez Gautier :
> Couronne de la femme et sceptre du poète,
> C'est bien le trône tout entier !
>
> Il est le souverain et vous la souveraine,
> Vous la reine et Gautier le roi,
> Mais le roi n'est ici qu'un sujet de la reine :
> Vos yeux à ses vers font la loi.
>
> La douceur de vos yeux est la plus invincible,
> Ses vers sont bien moins inhumains,
> Il règne moins que vous : son sceptre est invisible,
> Tandis que nous voyons vos mains !
>
> Devant votre beauté tout son esprit s'efface ;
> J'aime mieux votre royauté.
> La plus noble couronne est à vous, et la grâce
> Est la plus belle majesté !

Vous régnez par les yeux, il règne par la lyre,
    Vous souveraine, lui vainqueur,
Et chacun ici-bas vous avez votre empire,
    A lui l'esprit, à vous le cœur.

Tous deux vous rapprochez, lui poète et vous femme,
    L'homme du céleste séjour :
Par l'admiration, il transporte notre âme,
    Vous l'agenouillez par l'amour.

« Le gant et le soulier » est un concetti tout à fait dans le goût Régence :

    Quand ta petite main se gante,
    Ton gant à lui-même se dit :
    « Je suis bien, si je ne me vante,
    Ce qu'on peut voir de plus petit ! »

    Ton gant se trompe, mais j'excuse
    Son amour-propre singulier,
    Ton gant ne sait pas qu'il s'abuse :
    — Il n'a jamais vu ton soulier !

Bientôt, le ton change ; une certaine tristesse jalouse jette sa note grave dans ce concert d'adulations. Charles accuse sa maîtresse de froideur, se plaint de n'être pas suffisamment payé de retour :

Je cherche en mon esprit les plus tendres paroles,
Pour vous j'apprête en moi mes gaîtés les plus folles,
Tout ce que j'ai de doux sans ce que j'ai d'amer,
Je prépare d'avance avec joie et délire
Mes yeux à vous revoir, ma bouche à vous sourire,
    Mon cœur à vous aimer.

J'amasse mes baisers pour ce moment suprême,
Je ne me souviens plus que d'un mot : « Je vous aime! »
Je fais provision de tendresse et d'amour,
Je suis froid pour ma sœur pour vous être plus tendre,
J'accours vite, et pourquoi, mon Dieu? pour vous entendre
Me dire avec un air indifférent : « Bonjour! »

SUR MES VERS.

Non, je ne suis pas un poète,
Non! Je ne suis qu'un interprète
Qui traduit souvent de travers,
Qu'une coupe à ton ambroisie :
J'ai ta beauté pour poésie,
Ce sont tes yeux qui font mes vers!

Je n'existe pas par moi-même
Je suis l'écho de ton poème,
Je suis le reflet de tes cieux,
J'écoute causer ton sourire,
Je suis la corde de ta lyre,
Et l'astronome de tes yeux!

Mon vers, c'est le page qui porte
Le pan de ta robe et t'escorte,
C'est l'esclave au front pur et doux,
C'est, ô ma charmante déesse,
L'enfant de chœur qui sert la messe,
Le prêtre toujours à genoux!

Mon vers, c'est le valet fidèle
Qui, restant sans cesse auprès d'elle,
Sert ta beauté, matin et soir,
Et qui, chaque fois que tu passes,
Pour que tu contemples tes grâces
Pose devant toi le miroir!

C'est l'écolier rêveur et brave
Qui pour toi brise toute entrave
Et franchit les pas périlleux :
Mon vers escalade la rime
Et monte par ce mur sublime
Jusqu'à l'éloge de tes yeux!

Mon vers, c'est à lui que tu donnes
Toujours de nouvelles aumônes,
C'est le pauvre triste et hagard
Que tu trouves sur ton passage,
A qui parfois ton doux visage
Fait la charité d'un regard!

Mon vers, ô ma charmante reine,
C'est l'aiguière toujours pleine
D'une bien amère boisson!
C'est la coupe peu précieuse
Que pour ta soif capricieuse
J'apprête, docile échanson!

Comme la naïade d'un fleuve,
Qui dans ses eaux mêmes s'abreuve,
Mais qui, pour ne pas déranger
Son urne immobile et profonde,
Prendrait pour puiser à son onde
La coupe de quelque berger,

Tu prends avec ta main distraite
Mon vers, doux vase que j'apprête
Debout devant ta majesté,
Et, s'il t'en vient la fantaisie,
Tu l'emplis à ta Poésie
Pour désaltérer ta Beauté!

Parfois un lyrisme éperdu aveugle l'amant transi au point de lui faire adorer sa maîtresse comme un ange immaculé :

> Je suis tout étonné, lorsqu'en vous je me penche,
> De voir devant mes yeux votre âme en robe blanche,
> Votre âme dont jamais nos cœurs n'approcheront,
> De rayons entourée et l'auréole au front,
> Sereine et pacifique, et belle entre les belles,
> Soulever doucement ses deux charmantes ailes
> Avec l'air souriant, tranquille et gracieux,
> D'un ange qui s'apprête à retourner aux cieux !

Mais l'enjouement reprend le dessus et, dans un sonnet badin, Charles Hugo ne semble pas s'offusquer outre mesure de l'humeur légère de la séduisante Alice :

> Quel caprice vivant qu'Alice !
> Par caprice elle eut pour amant
> Un prince. On ne sait pas comment
> Elle le quitta. — Par caprice !
>
> L'éclat n'a rien qui l'éblouisse.
> Elle préfère à tout moment
> L'humble fleur au fier diamant,
> Au beau rayon le pur calice.
>
> Aujourd'hui sans savoir pourquoi,
> Par caprice elle m'aime, moi ! —
> Par caprice elle m'est fidèle.
>
> Je ne connais dans ses amours
> Qu'un caprice qu'elle ait toujours :
> C'est le caprice d'être belle !

Voici la fin du recueil. On y voit paraître les mélancoliques tourments qui ne peuvent manquer de rôder autour d'une passion vieille déjà de six semaines. Des brouilles passagères séparent les amants. Charles Hugo contient mal le flot de ses reproches jaloux... Toutes les péripéties de cette liaison éphémère ont leur reflet sur les pages de l'album. Après une rupture de quelques heures, le jeune homme adresse ces vers à l'inconstante Alice Ozy :

> Oh! souffrez que du fond de ma douleur profonde,
> Mains jointes, à genoux, les larmes dans les yeux,
> Invisible, caché, loin du bruit et du monde,
> Je contemple ébloui votre front radieux!
>
> La nuit, je passerai parfois dans votre rêve,
> Je vous apparaîtrai tandis que vous dormez,
> Vous me verrez pleurant et vous priant sans trêve,
> Vous lirez dans mon cœur avec vos yeux fermés.
>
> Puis, le jour, j'attendrai, pensif sous la fenêtre,
> Que sur votre balcon vous veniez vous asseoir,
> Et mes yeux pourront voir en vous voyant paraître
> Le soleil le matin, et l'étoile le soir!
>
> ...Alice, il est donc vrai que votre amour s'achève,
> Nous voilà retombés du haut de notre rêve,
>   Nos cœurs étaient las d'être heureux!
>
> Il faut bien croire, hélas! doux et cruel mystère,
> Puisqu'il est des oiseaux qui descendent sur terre,
>   Qu'on se lasse même des cieux!
>
> Un autre eut accepté votre amitié, Madame,
> Mais moi, je ne veux pas! Je ne veux pas d'une âme
>   Où l'amour ne peut revenir.

> J'aime mieux votre oubli qu'une amitié de glace,
> J'aime mieux, dans votre âme abandonnant la place,
> Votre oubli qu'un tel souvenir.
>
> L'amitié ! C'est l'anneau d'une chaîne brisée,
> C'est une main qu'on serre après l'avoir baisée.
> Je dédaigne votre amitié.
>
> Pour accepter si peu, vous me fûtes trop chère,
> Et j'ai trop possédé votre âme toute entière
> Pour n'en vouloir qu'une moitié !

Le poème qui termine cette longue « Romance à Madame » est de toute autre sorte ; c'est encore un délicat portrait, une image miniaturée pieusement, le cantique d'une adoration fervente, mystique et sensuelle. Ainsi se noue cette gracieuse guirlande, au moyen d'un vif madrigal :

> Je pourrais, en vers peu sincères,
> Dire qu'Alice est sans défaut,
> Mais les défauts sont nécessaires :
> Pour être parfaite, il en faut !
>
> Comment trouver son caractère
> Sans défaut ? — C'est un compliment,
> Mon Alice, qu'on ne peut faire
> Qu'à ton visage seulement.
>
> Tes paroles montrent ton âme,
> Ton corps est transparent pour nous :
> Vous êtes si blanche, Madame,
> Qu'on voit votre âme à travers vous !

Vous êtes pleine de malices,
Vous avez, reine aux yeux si doux,
D'adorables petits caprices
Et de charmants petits courroux.

On pardonne l'épine aux roses.
D'ailleurs l'amour a son bandeau :
Vous mettez sur toutes choses
Votre grâce comme un manteau.

...Le ciel vous fit de jour et d'ombre,
Il ne vous manque rien, d'honneur!
Vous avez des succès sans nombre,
Les femmes vous ont en horreur!

Etes-vous l'astre qui rayonne?
Ou l'éclair? l'onde ou le limon?
La colombe, ou bien la lionne?
Etes-vous l'ange ou le démon?

Dût cet aveu paraître étrange,
Je n'en sais trop rien, mais je dis
Que si vous n'êtes pas un ange,
Je ne veux pas du Paradis!

V

L'amour de la jeune femme était né au début de l'été; l'automne le vit s'affaiblir et s'éteindre. Alice se lassait d'une passion trop rigoureuse, trop absorbante; Charles Hugo lui témoignait, sans doute, un amour véhément et cet excès de zèle la désobligeait. L'amant remarqua cette nouvelle attitude, tenta de défendre son bonheur, écrivit des lettres éplorées qui demeurèrent sans autre écho que les traditionnels serments de fidèle amitié.

Ma chère Alice,

Tout à l'heure, vous étiez un peu souffrante et je n'ai pas voulu vous répondre comme je le devais; j'espère que maintenant que vous êtes calme et de sang-froid, vous comprendrez la nécessité d'une résolution que me commande ma dignité et, ce qui est plus encore, votre bonheur.

Je vous ai tantôt exprimé le vœu de vous voir m'aimer comme je vous aime. Ce vœu qui devait vous flatter et vous être agréable, puisqu'il vous prouvait à quel point je tiens à vous, ce vœu vous a profondément blessée, à tel point que vous m'avez dit que je vous *portais sur les nerfs*, et — pardonnez-moi de vous répéter cette parole si peu digne de votre bouche — que je vous *embêtais!*

Vous comprenez, ma chère Alice, que ce ne sont point là des aveux capables de me donner foi dans votre amour et dans votre cœur. Je vous l'avouerai, maintenant que je me sonde et que je suis dans tout le calme de la réflexion, cette déclaration, en réponse à des paroles d'amour et de dévouement, a achevé de détruire toute ma confiance en vous. Une femme, même dans ses moments de colère et dans les accès les plus nerveux, ne dit pas de pareilles injures à l'homme qu'elle prétend aimer.

D'ailleurs, Alice, je ne vous en veux pas. Il est tout simple que je vous gêne. Votre existence doit se trouver entravée par moi. Un amour sérieux comme l'était le mien doit nécessairement être exigeant, et toute exigence de ma part doit nécessairement vous êtes importune.

D'un autre côté, ce sentiment de dignité que vous m'avez reproché, aujourd'hui, de ne pas avoir assez, ce sentiment d'honneur et de dignité ne me permet pas de rester près de vous, comme une chose qu'on prend, qu'on jette à sa fantaisie, qui fait plaisir un quart d'heure et qui ennuie une heure, un être enfin qu'on ne se donne pas la peine de considérer comme autre chose que comme un jouet, qu'on fait venir pour lui dire de s'en aller, qu'on traite un peu moins durement qu'un chien et un peu plus qu'un domestique.

Voilà ce que je suis pour vous, Alice. Encore une fois, je ne vous en veux pas. C'est bien le moins que je vous paye, d'une façon ou d'une autre, le bonheur d'avoir joui de votre vue pendant trois mois.

Dans votre intérêt et pour votre bonheur, Alice, j'ai pensé qu'il valait mieux vous laisser votre vie tranquille et heureuse, que je manquerais de délicatesse et d'honneur si je vous gênais plus longtemps.

Soyez heureuse, ma chère Alice; vous le serez sans moi. Vous ne m'aimez pas assez pour que cet adieu vous soit pénible.

Adieu! Je vous serai toujours reconnaissant et je vous garderai éternellement un charmant souvenir.

CHARLES.

19 octobre 1847.

Oh! pardon, pardon, pardon à deux genoux! Je suis sans force contre de telles paroles. Si vous saviez la vérité, mon Alice. Mais non, vous ne me croirez plus!

Ange de ma vie, ô mon cœur, prenez-moi pour votre chien, pour quelque chose qu'on brise à sa fantaisie, faites-moi souffrir si cela vous plaît, je ne suis pas fait pour autre chose en ce monde que pour vous adorer et vous bénir.

Moi hypocrite, faux, mon Alice? Plutôt qu'une telle injure, j'aurais tout supporté. Je vais consacrer désormais ma vie à vous aimer — de loin, de bien loin — à vous suivre, à vous protéger, à vous servir. Puis, quand vous aurez bien vu que je ne suis ni hypocrite, ni faux, alors vous me pardonnerez, n'est-ce pas?

Jusque-là, laissez-moi souffrir. Je l'ai mérité. Brûlez cette fatale lettre qui ne vaut pas même la peine d'arrêter un instant votre pensée et votre regard.

Si vous avez jamais vu un dévouement sincère, loyal et *désintéressé*, ce sera le mien. Vous verrez.

C'est dans le désir de vous voir m'aimer davantage que je suis devenu presque insensé. Pauvre ange! j'ai pleuré à chaudes larmes. Vous me laisserez vous regarder de temps en temps à votre balcon, d'en bas, — n'est-ce pas?

Pardon, pardon, pardon!

Des semaines passèrent. La Révolution de février survint. Alice alla séjourner en Angleterre, tandis que Lamartine nommait Charles Hugo son secrétaire au ministère des Relations extérieures. Subitement lancé en pleine effervescence politique, le jeune homme trouvait dans cette vie nouvelle un puissant dérivatif à ses souffrances sentimentales. Il prenait goût à la carrière qui s'ouvrait devant lui; il allait bientôt se jeter en pleine mêlée et devenir le principal rédacteur de l'*Evénement*.

Dans les premiers temps, il écrivait parfois à celle qu'il ne pouvait s'empêcher de regretter, bien que sachant l'infidèle toute à la joie d'un nouvel amour. Il la félicitait et la plaignait à la fois, la suppliant de lui narrer ses aventures, de lui confesser cet amour qui ne pouvait manquer, s'il était sincère, de lui faire connaître tôt ou tard la jalousie : elle éprouverait alors tout ce que lui-même avait ressenti si cruellement. Ces lettres, tristement affectueuses, sont d'une éloquence émue et d'un tact parfait.

Ma chère Alice. Je n'attendais pour vous écrire qu'un signal de vous. Je viens de lire votre dernière lettre à E...; puisque vous le permettez, je profite du premier moment de loisir que j'ai pour reprendre nos bonnes causeries si brusquement interrompues. Laissez-moi vous parler de vous d'abord. Vous savez que tout ce qui vous arrive a son contre-coup dans mon cœur, vous savez que je souffre de vos peines et que je suis heureux de votre bonheur.

Je suis donc heureux en ce moment, puisque je vous vois heureuse. Vous aimez et vous êtes aimée. Je ne m'étonne ni de l'un ni de l'autre. Je vous ai toujours crue capable d'amour, précisément peut-être parce que vous n'avez jamais aimé personne. Vous n'avez rien dépensé de votre cœur; il vous reste tout entier. Croire qu'une femme est impuissante à aimer parce qu'elle est restée sans amour une partie de sa vie, c'est prendre un avare pour un pauvre. Toute femme, en ce monde, a une certaine somme de bonheur à distribuer. Vous, vous n'avez jusqu'ici fait qu'une distribution bien modique autour de vous. Vous réserviez, à votre insu, toute votre provision pour l'homme que vous aimez aujourd'hui.

Vous aimez donc enfin ? Vous rétractez tous ces mensonges d'amour, mensonges sincères que vous faisiez naïvement ! Vous aimez cette fois ; cette fois, vous ne vous trompez pas, vous êtes désintéressée, vous êtes tendre ! C'est bien du véritable amour ; vous êtes arrivée au but de votre vie ; vous pouvez vous reposer et vous asseoir ; vous pouvez mettre un point à votre roman. Dieu soit loué ! Il n'a fallu pour cela que deux bien petites choses : l'Océan et une révolution ! Vous avez la meilleure des garanties pour la durée de votre amour, c'est que l'homme que vous aimez ne vous appartient pas complètement. Votre jalousie aura des éléments inépuisables. Vous allez connaître ces souffrances et ces tortures que vous m'avez apprises et dont, Dieu merci ! je suis bien complètement revenu. Vous allez vivre de cette vie d'attente, d'inquiétude, de souci qui fait de chaque minute qui s'écoule loin de celui ou de celle qu'on aime un siècle d'angoisse. Je vous plains, ma pauvre amie ! Vous allez devenir sérieuse, et vous qui avez commencé la vie par les rires, vous la finirez peut-être par les pleurs. Une femme qui souffre de la jalousie souffre plus qu'un homme. Un homme peut s'attacher aux pas de la femme qu'il aime, mais une femme ! une femme ne peut ni se cacher, ni épier, ni passer des nuits dans la rue, ni attendre sous des fenêtres, ni courir après une voiture, — une femme, enfin, ne peut avoir aucune des jouissances de la jalousie. Elle est condamnée à attendre, à espérer et à mâcher à vide.

Voilà le sort qui vous attend, si l'homme que vous aimez est marié, et s'il ne peut vous donner que les restes d'une autre femme. Je partage et je comprends d'autant mieux ce que vous souffrirez dans votre bonheur que j'ai moi-même passé par toutes ces épreuves. Vous me tiendrez au courant de vos impressions, n'est-ce pas ? Je suis sûr que je relirai mon histoire dans la vôtre...

En ce moment, vous êtes heureuse, c'est l'important. Vous n'êtes encore que dans la lune de miel. Je vous envoie mille souhaits bien sincères et bien affectueux. Vous avez le cœur plein d'aspirations vers toutes les choses nobles et pures, vers tous les printemps, vers toutes les fleurs, vers tous les parfums, vers tous les amours, justement parce que vous n'avez encore rien respiré ni aimé. Votre cœur est plein parce que votre vie est vide!

Vous parlez de moi à E... J'ai lu les quelques lignes que vous me consacrez. J'ai regretté d'y voir ce sentiment d'aigreur que vous manifestiez souvent contre moi. Vous n'avez donc pas l'indulgence suprême que donne l'amour? Pourquoi vos conseils sentent-ils l'amertume et la colère? Vous m'en voulez donc toujours? Est-ce que, quand on aime comme vous aimez, il y a place dans le cœur pour toutes ces mesquines rancunes de désœuvrement et d'indifférence? Quand on aime, on trouve tout bien, tout beau; on est plein de pardon pour toutes les fautes, plein de mansuétude et de sérénité.

Je trouve aussi que vous parlez trop de politique.

Quant à moi, ma vie devient simple. Je vois mon but et j'y marche. Je suis attaché d'ambassade et j'ai le choix entre l'ambassade d'Espagne et celle de Londres. Lamartine s'intéresse beaucoup à moi; je songe sérieusement à mon avenir. Je n'ai dans le cœur aucun amour, je n'ai que des souvenirs et des espérances.

Je vais peut-être bientôt partir. Si je ne vais pas à Londres, si je vais à Madrid, par exemple, je vous laisserai mon adresse. Vous me répondrez, n'est-ce pas? Je veux que nous nous fassions signe de loin, de la main et du cœur.

A vous. Comptez sur ma bien sincère affection et sur mon dévouement.

Charles HUGO.

Février 1848.

Ma chère Alice,

Je ne comptais plus sur une réponse. Votre lettre a été la bienvenue. Merci, mon amie, merci de votre souvenir, merci de votre amitié. Je récolte au moins quelque chose de tout ce que j'ai semé dans votre cœur. Aimez, mon amie, et soyez aimée. J'accompagne de loin de tous mes vœux, votre destinée qui m'est si chère. Je remercie l'homme qui vous rend heureuse : c'est une obligation que je contracte envers lui. Je lui lègue mon Alice, je veux qu'il l'aime, car je lui lègue aussi mon amour.

Je reste à Paris jusqu'à nouvel ordre. J'ai 500 francs par mois; je touche demain mon premier mois. Je vais être nommé chef de cabinet. Voulez-vous que je vous envoie mon premier mois? Voulez-vous que je vous sois utile? Je suis à vous. Si je vais à Londres, ce ne sera que dans un mois ou deux, ainsi rassurez-vous. D'ailleurs, mon intention était bien de ne vous voir que de loin en loin. Vous auriez eu assez de force pour me voir chaque jour; c'est moi qui peut-être n'en aurais pas eu assez pour cela!

Je travaille toute la journée. Quant aux maîtresses, j'ai trouvé une femme qui me dit qu'elle m'aime. Je ne la crois pas. J'ai pour elle, sinon toutes les tendresses, du moins toutes les délicatesses de l'amour. Je vis heureux et insouciant à côté d'elle.

Le printemps vient, ma chère amie, et avec le printemps tous mes souvenirs. Chers souvenirs! souvenirs d'amour, de joie et de souffrances; temps où j'étais heureux car je souffrais, car la vie avait des alternatives de bonheur et de tourment, car je vivais enfin! Votre porte, votre fenêtre, votre maison sont là. Elles ont l'air de vous avoir encore. Vous êtes bien loin. Je passe, chaque jour, sous votre balcon. La fenêtre a l'air si *naturelle* que je m'attends parfois à vous y voir paraître. Vos rideaux sont là. On entrevoit de la rue le lustre de votre boudoir; votre forme blanche se devine presque dans l'ombre. O mes chers souvenirs!

Dimanche.   CHARLES.

Février 1848.

              Ma chère Alice,

Si je ne vous ai pas écrit depuis quinze jours, n'en accusez pas mon amitié, n'en accusez que ma vie. Nous vivons ici dans un tel conflit d'événements, d'émeutes, de bruits, que c'est à peine si, le soir venu, il reste assez de temps pour songer à ceux qu'on aime. Ce n'est pas l'oubli, ce n'est pas l'indifférence, c'est le sentiment d'un homme emporté par un tourbillon et qui ne regarde pas les fleurs penchées sur l'abîme.

Vous, mon Alice, vous êtes dans ma vie une de ces fleurs, un de ces parfums qui ne meurent jamais et dont on sent toujours quelque chose, même à travers les espaces. J'ai votre souvenir qui vit en moi; je le porte sur mon cœur, comme un talisman. Nous avons été assez heureux et assez malheureux ensemble pour nous garder un éternel et sacré souvenir, de loin ou de près; que vous viviez au Nord et moi au Midi, il y aura toujours, entre nos deux âmes, un lien invisible et mystérieux qui flottera dans l'air, comme un fil de la Vierge.

Il s'est passé bien des événements depuis que je vous ai écrit. Je vais partir, partir bien loin, bien loin. Je vais quitter la France et l'Europe : je vais au Brésil! c'est-à-dire à quatre mille lieues; trois mois de traversée; un autre ciel; d'autres hommes; d'autres femmes; un autre horizon. Hélas! mon Alice, je me venge bien, n'est-ce pas, de votre abandon? J'espère retarder pendant un mois l'instant de mon départ. J'espère ne pas rester là-bas plus d'un mois ou deux, ce qui ferait une absence d'un an environ, avec les voyages.

A quoi je passe ma vie ici? — Je ne sais. J'ai le cœur plein d'aspirations, j'ai l'âme pleine d'espérances. Tout revient, les oiseaux, les fleurs, tout ce qui chante et tout ce qui parfume. J'éprouve en ce moment, — je ne sais pas si vous êtes comme moi, — un vif et profond désir d'aimer, d'avoir un nom à adorer, une femme à contempler et à bénir, une musique enfin à faire résonner sur toutes ces lyres qui murmurent au printemps, dans la nature.

Vous, vous êtes heureuse. J'oubliais que vous aimez!

Allons! la vie va me reprendre avec toute sa rudesse et toute sa violence. Elle me jette d'abord à quatre mille lieues de ma patrie, de ma famille, de l'air que j'étais accoutumé à respirer, de tous mes souvenirs et de toutes mes espérances. Vous, du moins, mon amie, vous ne m'oublierez pas. Vous me suivrez avec cet œil de l'âme qui voit si loin; vous partagerez mes fatigues au milieu de votre repos, mes peines au milieu de vos plaisirs, mes regrets au milieu de votre bonheur. Vous serez la compagne invisible de tous mes voyages et vous vous amuserez parfois à regarder sur la carte un endroit inconnu, marqué d'un point rouge ou d'un point noir, en vous disant : « Il est là ! »

Dessin de Chassériau (1849).

VI

Nous avons vu qu'Alice Ozy se rendit à Londres lors de la Révolution de Février, appelée par un engagement au théâtre Saint-James.

A cette occasion, il lui fut donné de revoir le duc d'Aumale, qui supportait avec résignation les tristesses de l'exil. Le duc n'avait pas d'argent, et le vin étant trop cher à Londres, il buvait de la bière.

Les circonstances — s'il fallait en croire l'imagination d'un journaliste — auraient alors conduit Ozy à jouer un moment le rôle d'agent politique. Sa camarade, Madame Person, l'aurait chargée de remettre à la famille d'Orléans une lettre écrite par Alexandre Dumas, invitation pressante au prince de Joinville, convalescent, de revenir en France. On y lisait cette phrase : « Paris est au pouvoir du premier qui voudra bien l'occuper. Que notre jeune malade vienne. » Lorsque le duc eut appris le nom du correspondant, il refusa de transmettre le message à son frère et répondit en le rendant intact à l'ambassadrice : « Nous ne voulons rien accepter de ce qui vient de cette main... » (1).

---

(1) Cette anecdote singulière est rapportée par Villemessant qui doit en conserver toute la responsabilité. *(Mémoires d'un journaliste*, t. I, p. 143.)

A son retour d'Angleterre, Alice, désœuvrée, le cœur libre, quêtait un nouvel amour. Dans l'épanouissement de sa grâce, n'ayant pas encore trente ans, elle passait déjà pour une amoureuse célèbre et ses succès se contaient à mi-voix. Encore toute vibrante de sa dernière passion, elle promenait au Bois le désenchantement d'une vie inoccupée. Elle s'offrait, tentante, au premier *lion* qui saurait la séduire.

La peintre Chassériau fréquentait depuis peu chez elle; il sut se faire agréer.

Alice, vite conquise par le charme de l'esprit, pouvait, sans déchoir, se laisser aller à accueillir Chassériau. Il n'était pas beau, mais très distingué, un peu raffiné même. Ses yeux illuminaient un visage barbu, il parlait d'une voix harmonieuse et sa laideur possédait quelque chose d'original. S'il ne pouvait passer pour un Adonis, il avait du moins la réputation d'un don Juan. De plus, n'était-il pas déjà un camarade? n'était-il pas l'ami intime de Théophile Gautier, avec lequel il s'était lié jadis, à l'époque du fameux bal romantique de l'impasse du Doyenné? Ozy entendait souvent Gautier parler avec enthousiasme de son ami, vanter son talent, son originalité, son caractère, le représenter comme un très grand artiste... Elle aima Chassériau pendant environ deux années.

Le peintre, à qui les fresques de la Cour des Comptes venaient de procurer une avantageuse notoriété, habitait un atelier situé avenue Frochot, au pied de la butte Montmartre, tout près des barrières. Dans cet atelier, naturellement meublé à l'orientale, les murs disparaissaient sous une profusion d'études, de peintures, d'armes curieusement travaillées; d'un côté, un moulage grandeur nature de la Vénus de Milo, voisinait avec une vaste composition de l'artiste, figurant Vénus Anadyomène ; de l'autre, une fenêtre élevée seulement de quelques centimètres au-dessus du sol, donnait sur un chemin de ronde peu fréquenté. Garnie de solides barreaux, cette fenêtre semblait un infranchissable rempart, mais, à la pression d'un simple ressort, elle tournait sur ses gonds, livrant ainsi passage aux amies du peintre, leur épargnant les indiscrétions et donnant à leurs visites le charme d'une mystérieuse escapade.

Alice dut souvent passer par le chemin de ronde pour venir surprendre son amant. Elle se plaisait à le voir travailler et goûtait profondément ce talent puissant, hardi, quoique flottant encore entre ses deux maîtres, Ingres et Delacroix, et cherchant à s'affermir par l'acquisition d'une personnalité.

Un jour, elle remarqua sur un chevalet le portrait d'une reine d'Espagne, étudiée et copiée d'après le Greco, morceau merveilleux devant lequel Ingres lui-même n'avait pu retenir un compliment : « Un maître interprété par un maître ». L'artiste tenait à cette toile et la destinait à sa famille. — « Donnez-moi cela ! » déclara la jeune femme avec l'assurance d'une amoureuse sûre d'être obéie. Le caprice était formel. Chassériau refusa à plusieurs reprises, mais ne fallait-il pas qu'il cédât enfin ?

Quelque temps après, comme il déjeunait chez l'actrice, on annonça l'encadreur. C'était la copie du Greco que l'on apportait. — « Qu'on la place dans le salon, — dit Alice, — nous irons la voir tout à l'heure ». — Après le repas, ils se levèrent de table pour aller juger de l'effet. Mais à la vue de l'œuvre qui lui avait été, en quelque sorte, prise de force, saisi d'un remords à l'idée de sa faiblesse, le peintre entra dans une violente colère. S'emparant d'un couteau, il en lacéra la toile à plusieurs reprises et s'enfuit. Ozy dépêcha aussitôt un domestique porteur de la malencontreuse étude accompagnée d'un billet signifiant à Chassériau de ne plus se présenter chez elle.

Le lendemain, Gautier apprit l'aventure de la bouche même d'Ozy : — « Imbécile! — s'écria-t-il, — ça se reprise, ces choses-là! » Ozy regretta doublement le mouvement d'humeur qui lui faisait perdre à la fois une œuvre remarquable et un ami qu'elle chérissait. Les déchirures, comme l'avait prévu Gautier, ne manquèrent pas d'être maquillées par d'habiles coups de pinceau et trente-cinq ans plus tard, le hasard permit à Ozy de racheter ce tableau pour le mettre en place d'honneur dans sa galerie (1). D'ailleurs, fidèle à la mémoire d'un des hommes qu'elle avait le plus aimés, Ozy fit l'acquisition d'une *Desdémone* au coloris merveilleux, et d'une tête d'enfant au caractère antique, portrait d'un petit garçon qui broyait les couleurs des élèves à l'atelier d'Ingres. Elle racheta également une des œuvres maîtresses de Chassériau, *la Suzanne au bain*, qui, après avoir figuré au Salon de 1838, fut emportée à New-York par un Américain, repassa les mers pour aller se reposer un moment à Saint-Pétersbourg, et finit par entrer au Louvre, à qui Ozy la donna en 1884. Les catalogues du Louvre n'indiqueront sans doute jamais qu'une légende fort croyable

---

(1) Cette toile fait aujourd'hui partie de la collection du baron A. Ch.....

raconte que Chassériau avait donné aux épaules de sa *Suzanne* la grâce fuyante et la splendeur un peu lourde de celles d'une personne qui eut beaucoup d'influence sur son talent, d'une femme que ses admirateurs appelaient *la dixième Muse*..., Madame E. de Girardin.

Un tel précédent ne pouvait manquer d'influer sur la belle Alice et Chassériau obtint facilement qu'elle lui servît de modèle. Ozy, orgueilleuse de sa beauté, s'en montrait généreuse pour ses amis; volontiers, elle suivait l'exemple de Phryné se découvrant à Praxitèle. Gautier et Couture l'avaient dessinée nue, Chassériau peignit d'après elle une *Nymphe endormie*.

Cette œuvre se trouve aujourd'hui exilée à Avignon, dans ce paisible musée Calvet où Stendhal raconte avoir passé des heures délicieuses. Là, dans la grande galerie, derrière un pilier, reléguée bien haut par les artistes du cru qui envahissent la cimaise, on peut voir cette grande toile signée « Chassériau 1850 ». Le cadre porte en grosses lettres « Don de l'Etat ». Le corps de la nymphe s'allonge dans une pose aisée, tandis que les bras, croisés en arrière, supportent la tête inclinée et laissent voir au creux de l'aisselle un peu de cette mousse fine que Gautier magnifia dans son *Musée secret*. Alice Ozy se reconnaît sans peine, mais je crois que Chassériau a vu sa maîtresse à travers les nostalgies d'Orient qui le hantaient. Cette nymphe est une de ces femmes aux chairs épanouies, aux bras superbes, aux seins lourds et pointés, aux flancs largement harmonieux que son imagination lui représentait. Si Alice était douée de toutes ces qualités, il me semble, à en juger par d'autres portraits, qu'elle les possédait avec moins de plénitude, mais avec plus de grâce,

LA NYMPHE ENDORMIE, PAR CHASSÉRIAU (1850).

sinon plus de beauté. Quoi qu'il en soit, le pinceau de l'artiste révélait le modèle, et je suppose que la *Nymphe endormie*, exposée au Salon de 1850, dut faire quelque peu sensation et provoquer les mêmes sourires qu'il y a plusieurs années telle *Danseuse* d'un sculpteur en renom ou, jadis, *la Femme au serpent*, de Clésinger.

Séduit par cette nymphe voluptueuse, Amédée Pommier lui dédia un sonnet en hommage :

Chut! avançons sans bruit, gardons de l'éveiller.
Nous pourrons contempler, sous le rideau des branches,
L'imprudente dormeuse et ses épaules blanches,
Et ses bras arrondis lui servant d'oreiller.

Elle a cru sans péril pouvoir se dépouiller
De sa longue tunique aux onduleuses manches,
Car nul ne devait voir le satin de ses hanches,
Hormis le flot limpide heureux de les mouiller.

Mais comment oses-tu, séduisante baigneuse,
Du danger à ce point te montrer dédaigneuse,
Dévoilant ton beau corps de la tête aux orteils?

N'est-il plus de sylvain, d'ægipan, de satyre,
Qui rôde, curieux et lascif, et qu'attire
L'appât d'un sein de neige aux deux boutons vermeils? (1).

* * *

Victor Hugo n'a pas dédaigné d'écrire une anecdote se rapportant aux amours de Chassériau et d'Ozy.

---

(1) *L'Artiste*, 1er mai 1851, et *Colifichets*, P. 1860, p. 369.

Ouvrons le premier volume de *Choses vues*, où se trouve un remarquable chapitre intitulé *D'après nature*, et daté de la nuit du 3 au 4 février 1849.

Ce récit, on s'en souvient, met en scène l'auteur lui-même et deux personnages désignés par des pseudonymes qui ont dû intriguer bien des lecteurs. Jusqu'ici, l'on attribuait ordinairement aux deux protagonistes les noms de Rachel et de Delacroix, mais un examen attentif du texte, une note manuscrite d'Hugo lui-même, obligent à une interprétation différente. Cependant les pseudonymes ne sont pas si impénétrables qu'on ne puisse les dévoiler: *Serio* se traduit facilement en « Chassériau »; *Zubiri* n'est autre que notre héroïne, et, si l'on veut encore des indiscrétions, j'ajouterai que *Zurbara* désigne Gautier, que *princesse de Bellejoyeuse* est le nom francisé de l'amie de Musset, que *comtesse d'Agosta* laisse deviner Daniel Stern, enfin que « le grand diable de bas-bleu » me semble caricaturer celle qui écrivit *La joie fait peur*.

Je ne puis transcrire ici ces sept ou huit pages que je suppose d'ailleurs présentes à la mémoire de tous. Il me suffira d'en rappeler le sujet.

Un soir, Hugo soupe chez Zubiri, demi-mondaine qui, volontiers, introduit un poète dans son alcôve et laisse un prince dans l'antichambre. Zubiri prend place entre l'auteur et Serio, devant une table toute dressée. Serio est actuellement l'homme aimé; la belle ne s'en cache pas, mais elle juge son amour inexplicable et ne se gêne en aucune façon pour accabler le pauvre Serio de paroles dures et, disons le mot, pour le représenter comme asservi sous le joug d'une impérieuse passion. Afin de le faire souffrir et, en même temps, de le rendre plus docile, s'il se peut, elle prend leur hôte à témoin de sa perfection, découvre sa gorge, sa jambe. Serio s'évanouit. Zubiri, changeant son jeu, s'inquiète, le soigne avec tendresse. L'évanouissement dissipé, l'actrice retrouve son insouciance et, en un bagoût endiablé, lui fait honte de sa faiblesse, déclare que bien d'autres l'ont vue nue... Indifférent, Serio, les yeux au ciel, semble poursuivre un rêve. Zubiri lui demande ce qu'il entend : « J'entends un hymne », dit Serio.

L'histoire est singulièrement réaliste, — mais est-elle vraie ? Je suis tenté de la croire une fantaisie développée d'après un simple geste, une seule parole. Il semble hors de doute, d'après tout ce que l'on sait du fier caractère de Chassériau, qu'il ne pût jamais se conduire d'aussi lamentable façon, et je crois également que jamais Ozy ne se permît envers lui pareille attitude. Au premier mot, au premier geste, le peintre eut cédé la place pour ne plus revenir. Hugo, s'il avait vécu, n'aurait sans doute publié ce chapitre qu'après d'importantes retouches.

Lorsqu'en 1887, Ozy lut ces pages, elle s'emporta jusqu'à traiter Hugo de *sublime canaille*, ajoutant que c'était là sa revanche d'une « côtelette » mal digérée. Elle fit, dans une lettre, un récit très différent de la même soirée, disant que tout se passa le plus simplement du monde, qu'Hugo, charmant, lui promit un rôle de début à la Comédie Française, puis se laissa entraîner au marivaudage naturel en la circonstance. Ozy se souvenait qu'à un certain moment, Hugo avait déclaré que le cœur de l'homme pouvait, comme le rosier, porter plusieurs roses sur sa tige : la rose épanouie, celle qui s'entr'ouvre, celle qui va éclore (1).

* * *

Tout en s'abandonnant à son amour pour Chassériau, Ozy, qui menait depuis quelque temps l'existence de comédienne errante, jouant en Angleterre, au Vaudeville et même à la Porte Saint-Martin, eut la sagesse de signer un engagement qui l'attachait pour plusieurs années aux Variétés, son ancien théâtre. C'était pour elle le meilleur cadre, et le répertoire sans prétention des Variétés convenait admirablement à ce léger talent tout primesautier qu'elle possédait; le théâtre et l'actrice se convenaient si bien qu'un critique n'hésita pas à appeler la salle du passage des Panoramas, le *théâtre de Mademoiselle Ozy* (2).

Ozy se place alors tout à fait en vedette; sur la scène comme à la ville, ses moindres actions sont épiées, commentées; elle vogue en pleine gloire et, pour prouver son ascendant, a le caprice de lancer une mode nouvelle. Un jour, elle paraît au Bois vêtue d'une toilette de nuance uniforme, depuis les souliers de satin jusqu'à l'ombrelle. A plusieurs reprises, elle se montre ainsi, en rose, en bleu ou en blanc, et aussitôt les couturières se trouvent débordées, chaque élégante voulant au plus tôt posséder un costume semblable.

---

(1) Dans une autre lettre, datée du 13 juin 1887 et adressée au baron A. Ch..., elle s'exprime ainsi : « ... Pauvre Chassériau, si délicat, si distingué ! Je souffre pour lui, pour sa mémoire. Le génial père Hugo est un saltimbanque qui a voulu une copie imagée. C'est une mauvaise action ! »

(2) J. Janin, feuilleton des *Débats,* 8 août 1853.

Plus que jamais, les chroniqueurs sont à l'affût de ses traits d'esprit; elle fournit aux journaux une foule d'anecdotes, et sa réputation de femme spirituelle est si bien établie, qu'elle passe — à tort sans doute — pour avoir collaboré aux *Causeries* de l'ancien *Corsaire*, signées *F*. On commence à dévoiler ses amours, à les colporter en des récits pleins de sous-entendus. On enregistre même les déclarations baroques qu'elle reçoit.

Elle trouve au théâtre des lettres naïves que des soupirants se sont risqués à lui écrire. L'un d'eux proteste en quatre pages de son amour flamboyant et termine par ce post-scriptum : « Si tant d'amour vous a touchée, donnez-m'en une preuve en vous plaçant à votre fenêtre demain, à onze heures. Je passerai dans votre rue à la tête de ma division. » Sa division ?... Est-ce un général ? Par curiosité, à l'heure dite, l'actrice risque à la fenêtre le bout de son nez. Son amoureux anonyme n'a pas menti. Le front haut, la démarche assurée, un collégien conquérant marche fièrement à la tête de la deuxième division du lycée Charlemagne et lance à la belle une œillade reconnaissante.

Un émule de ce divisionnaire écrivit une autre fois: « Venez me voir à ma pension, je vous ferai passer pour ma tante »... — Mais, que dire du poulet suivant qu'un étudiant très talon-rouge, lui fit remettre sans vergogne: « Si j'étais Dieu, je mettrais l'univers à vos pieds ! Je viens de recevoir *ma flotte*; j'ai 300 francs et *quelque menue monnaie*: venez les prendre ! » — et de ce billet qu'un titi déposa chez la portière des Variétés en y joignant un humble bouquet de violettes ?

Mademoiselle, je ne suis qu'un pauvre travailleur, mais je vous aime comme si j'étais millionnaire. En attendant que je le devienne, je vous envoie un simple bouquet de violettes. Si ma lettre vous donne l'envie de me connaître et de correspondre à mon sentiment, quand vous serez en scène, levez les yeux au poulailler : *mes jambes pendront.*

Vers ce temps-là, Alice, à son tour, éprouva les angoisses de la jalousie. Elle s'éprit de Gueymard, ténor de l'Opéra, et lui écrivit des lettres toutes débordantes d'une passion folle, même un peu servile. Le ténor se montra volage et Ozy souffrit cruellement. « Si vous saviez comme je pleure à présent sur ma vie passée ! — dit-elle un jour à Villemessant (1). — L'amour vrai m'a déssillé les yeux. Que ne donnerais-je pas aujourd'hui pour être tombée pure et immaculée dans ses bras ! Ah ! mes remords ! mes regrets ! c'est un châtiment d'en haut. Mais un grand repentir rachète de grandes fautes et j'espère, — ajouta-t-elle avec un regard et un soupir de componction, — j'espère que je suis pardonnée ! »

Quelques semaines plus tard, le caprice passé, comme le même Villemessant lui demandait des nouvelles de ses amours : « Ne m'en parlez pas, — répliqua-t-elle avec un mouvement d'épaules, — étais-je assez bête !... Des pieds longs comme ça ! » et elle allongeait le bras droit de toute sa longueur en portant la main gauche à l'épaule.

En 1853, Alice Ozy attira sur elle l'attention publique d'une façon inattendue. Un Espagnol, un certain P..., venait de poignarder sa maîtresse ; la cause allait être

---

(1) *Mémoires d'un journaliste,* t. I, p. 150.

jugée et le public s'intéressait à cette affaire passionnelle, s'attendrissant sur le sort d'un malheureux enfant que ce drame privait de tout soutien et livrait à l'Assistance publique. Alice demanda et obtint que le petit Manuel fût confié à ses soins. Elle s'occupait activement d'élever l'enfant, lorsqu'au bout de deux ou trois mois, la grand'mère réclama son petit-fils et Ozy dut faire prendre à son pupille le chemin de Barcelone. Pour cette belle action, elle fut généralement félicitée et la supérieure d'un couvent des Dames de Saint-Louis, la baronne de T..., en prit prétexte pour entreprendre une longue correspondance avec l'actrice, pensant que ses conseils persuasifs opéreraient une conversion. Ozy, tout d'abord, se sentit troublée, songea même, dans son nouvel enthousiasme, à prendre le voile, — puis revint à ses péchés et négligea de répondre aux épîtres de la baronne. Son art la possédait trop pour qu'elle le quittât si vite, et la vie facile qu'elle menait était trop séduisante pour qu'une conversion provoquât en elle autre chose qu'un état d'âme passager. N'avait-elle pas eu naguère un mot cruellement ironique, au moment où le bruit courait qu'à la suite d'une brouille avec son amant, Mlle Figeac venait de se retirer au couvent:

— « Eh bien! Figeac est donc dévote? » demandait Mme Aldegonde à Mlle Ozy.

— « Sans doute, — répondit cette dernière, — elle a appris que Dieu s'est fait homme » (1).

---

(1) Victor Couailhac. *La vie de théâtre. Grandes et petites aventures de Mlle Montansier. Esquisses, anecdotes.* Bruxelles, s. d., p. 259. Ozy ignorait probablement qu'un propos semblable avait été tenu par Sophie Arnould, lors de la conversion de Mlle Luzy.

Au début de 1849, dans les *Marrons d'Inde*, l'actrice parut pour la dernière fois dans un rôle très décolleté. A ce sujet, Janin écrivit (1): « Mademoiselle Ozy était habillée de la façon la plus primitive; elle représentait, à s'y méprendre, Eve notre mère, avant, bien avant, que la première couturière fût inventée. Dans ce costume, — si l'on peut appeler cette peau transparente un costume (Elles ne jugeraient pas qu'elles ne sont pas nues! s'écrie le philosophe Sénèque), — Mademoiselle Ozy tremblait comme la feuille du tremble, faute d'une feuille de vigne. Un tableau vivant, c'est cela! mais un tableau vivant qui marche, qui parle, qui chante! » Faut-il croire que la charmante actrice découvrit désormais en elle une pudeur insoupçonnée? A partir de ce moment, Ozy ne se montra plus si « naturelle » aux yeux de tous et reprit son ancien emploi de soubrette. Au 16 mai, tandis que dans la rue on criait « la Résurrection des Montagnards », aux Variétés, dans ce théâtre qui lui est propre, dans ce paysage accoutumé, Ozy, leste et pimpante, les bras nus, la cornette au front, en jupon court, en fin corsage, s'en va chantant ses refrains les plus vifs. On la fête, on l'acclame; la voilà en route pour de nouveaux succès.

Paul de Kock, le prince de la jeunesse vaudevillisante, écrit pour elle un petit acte, le *Quinze-vingt*, et chacun plaint le malheureux quinze-vingt de ne pouvoir la contempler. Puis elle crée *A la Bastille!*, *Le chevalier de Servigny*, *l'Anneau de Salomon*, — où, éveillée comme une potée de souris, dit Janin (2), elle chante de sa voix la plus honnête une énormité sur cet anneau merveilleux,

---

(1) *Débats*, 1ᵉʳ janvier 1849.
(2) *Débats*, 28 octobre 1850.

— *les Filles de l'Air*, et Philine dans *Mignon*. En 1852, elle joue *Une queue rouge*, *Déménagé d'hier*, *la Femme aux Camélias*, *le Mari d'une Dame de Cœur*, *Mamzelle Rose*, *La bonne qu'on renvoie* (peut-être son meilleur rôle), et paraît aux côtés de Frédérick Lemaître dans *Taconnet*. Dans cette pièce Louis XV, Ozy représentait Mademoiselle Luzy, et ce fut une occasion toute trouvée pour les critiques d'établir un parallèle entre les courtisanes du XVIIIe siècle et celles du XIXe, de reprocher à ces dernières leur mesquinerie, leur manque d'envergure, celles-ci se contentant de 100.000 francs par an, tandis que leurs aînées dispersaient plus d'un million dans le même temps!

Ozy prend son art tout à fait au sérieux et, en 1853, paraît successivement dans *Les femmes du monde*, *Les trois Sultanes*, *Les Enfers de Paris*, *Le Mari par régime*. En 1854, elle se fait surtout remarquer dans *Monsieur de La Palisse*, où elle joue un rôle stupide de Zerbine, mais ravit les yeux par un costume accommodé à la dernière mode de la Comédie Italienne et du Vauxhall de 1754. « Est-elle jolie, — écrit Saint-Victor (1), — dans sa toilette de pèlerine de Cythère, mettant le pied dans la gondole de Vénus que poursuivent les zéphyrs, où rament les Amours! Comme elle porte sur le coin de sa tête poudrée à l'iris cette petite toque si mignonne, si légère et si chiffonnée que vous diriez une rose pompon changée en chapeau par des doigts de fée! *Watteau pinxit*. »

Ozy est en veine de travail et de succès, on lui sait gré de la souplesse qu'elle déploie à travers tant de rôles

---

(1) Feuilleton de la *Presse*, 15 mai 1854.

dont pas un ne ressemble au précédent. Tour à tour grande dame ou grisette, soubrette ou servante, aujourd'hui au boudoir, demain à la cuisine, le plumeau d'une main, l'éventail de l'autre, elle touche à tout, fait tout valoir avec bonne grâce, enjouement et gentillesse. Le meilleur avenir lui semble réservé, et voilà qu'au début de l'année 1855, le public apprend avec stupeur qu'Ozy renonce définitivement au théâtre! Comment? A l'apogée de son succès?

Comme le mime antique, Ozy se contenta d'avoir dansé deux jours et d'avoir plu. Elle quittait la scène en pleine vogue, — à cause de cette vogue! Elle jouissait alors, — ou peu s'en faut, — de la célébrité qu'eut en son temps Marion Delorme. Cette popularité la gênait, l'obsédait. Quand elle paraissait en public, la curiosité empressée, indiscrète et fatigante qui l'accueillait, devenait pour elle un supplice, presque une expiation. Elle aurait voulu mettre un faux nez, disait-elle. A l'en croire, c'était par seule modestie qu'elle quittait les planches; — mais, il faut ajouter, tout bas, qu'un opulent banquier venait de lui assurer une fortune exempte de tout souci, détail qui ne manqua pas sans doute d'influer sur sa décision.

Un dernier sourire, une dernière révérence, et la jolie actrice quitte la scène pour n'y plus monter jamais. Puisque l'avenir se présente à elle tout doré, elle veut maintenant vivre tranquille et supplie qu'on ne s'occupe plus d'elle. Chacun s'informe, s'étonne. Tandis que certains l'approuvent, elle reçoit de nombreuses lettres d'amis qui la conjurent de revenir sur sa décision. Les journaux commentent l'incident, racontent la vie et les amours de la courtisane, d'autres rappellent la carrière de l'artiste. Alphonsine est engagée aux Variétés pour remplacer Alice Ozy; l'on compare les deux actrices et l'on tombe d'accord pour reconnaître la supériorité d'Alphonsine, moins belle, mais plus originale, plus « talentueuse ». On bavarde, on potine, puis, bien vite, le silence se fait.

Un *Guide des Théâtres* (1) résuma en ces termes la carrière théâtrale de la jeune femme : « Mademoiselle Ozy, dont on a vanté si souvent l'élégance, n'a jamais pu sortir de cette lignée de *comédiennes-camélias* dont le public d'aujourd'hui est bien saturé. » — Est-ce le mot de la fin ? Qu'importe, si la grâce et la beauté lui tinrent lieu de talent ! Elle séduisit tous ceux qui l'approchèrent, et les critiques n'eurent jamais pour elle qu'hommages galants et compliments flatteurs.

---

(1) *Guide dans les théâtres.* 1855, p. 113.

VII

Peu de temps après la retraite d'Alice, en mai 1855, Gautier quittait la critique dramatique de *la Presse* pour le feuilleton du nouveau *Moniteur*, dont son ami Louis de Cormenin venait d'être nommé rédacteur en chef. Emile de Girardin, bien inspiré, donna la succession de Gautier à Paul de Saint-Victor, mais Ozy fut désolée de ce changement. Elle avait pris l'habitude d'assister aux premières dans la loge de la *Presse*, aux côtés de son ami Gautier, et craignait de perdre ce privilège. Elle en fit la remarque devant Paul de Saint-Victor, et celui-ci s'empressa de l'assurer que, pour peu qu'elle en manifestât le désir, elle aurait toujours sa place réservée aux premières. Rien ne serait changé... sinon le cavalier. Ainsi débuta entre le critique et l'ancienne actrice une amitié qui fut durable et fidèle, mais n'alla pas sans quelques brouilles passagères. Ozy était distraite, vive, — Saint-Victor sombre et surtout nerveux. Parfois ces deux natures se heurtaient. Ozy avoua plus tard n'avoir jamais déchiffré le caractère énigmatique, froid, concentré, du merveilleux écrivain que fut Paul de Saint-Victor. Pourtant, ce styliste incomparable qui souvent voilait de littérature ses actes et ses passions, se faisait simple pour plaire à son amie. Il ne parut pas y avoir entre eux de liaison véritable, mais une simple camaraderie, — s'il faut en croire le témoignage d'Ozy (1).

En quittant les Variétés, Alice avait renoncé complètement à tout succès mondain, elle ne désirait plus qu'une retraite paisible, égayée par la visite de ses seuls amis. Elle passait une partie de l'année dans une grande villa, au bord du lac d'Enghien. Cette retraite somptueuse lui plaisait, et chaque printemps, elle ne manqua pas d'y faire désormais de longs séjours. Ses revenus lui permettaient une vie fort large, mais elle voulait toujours ménager intérêts et capital, ayant plaisir à veiller sur sa fortune, s'occupant d'opérations de Bourse avec la compétence d'un vieux coulissier. Son nom se présentait naturellement comme la meilleure garantie qui se pût trouver : « Qui donc fait monter le Crédit mobilier ? » — demandait quelqu'un. — « Parbleu, c'est Ozy ! », répondit un quart d'agent de change, — et chacun s'inclina. Dans toutes les opérations financières, elle apportait une extrême probité. Gauthier déclara certain jour : « Si j'avais un sac rempli de diamants, je le confierais à Ozy ; elle en remettrait plutôt que d'en prendre ! »

La question d'argent ne la laissait d'ailleurs jamais indifférente, comme le prouve ce billet adressé au duc de Morny :

Je suis chagrine d'avoir été oubliée dans la répartition que vous avez faite des actions du Grand Central. Ne croyez pas que ce soit par cupidité, car vous ne m'eussiez envoyé qu'une action, j'eusse été très heureuse, mais votre oubli

---

(1) Cf. ALIDOR DELZANT, *Paul de Saint-Victor*, P. 1886, ch. V, p. 97.

me fait craindre que quelques propos méchants vous aient indisposé contre moi et comme je n'ai rien à me reprocher vis-à-vis de vous, comme j'ai été fort discrète et toujours votre très attachée, je suis, je vous le répète, très, très chagrine.

Qu'on ne s'étonne pas de voir Ozy parler sur ce ton au frère de l'Empereur ! Une autre lettre, écrite vers la même époque, dévoile quels liens unissaient le duc à l'actrice :

Cher Lauzun,

J'éprouve le besoin d'avoir un moment d'audience. Je vous en préviens, j'irai jeudi prochain à cinq heures : il fait assez nuit pour que je ne sois pas vue.
Si vous ne *voulez* pas me recevoir, un mot chez moi — sinon entretenez-vous dans l'espoir de me voir et soyez aimable comme vous savez l'être (1).

* * *

Bien qu'elle eut souhaité un oubli complet, les journaux s'occupèrent encore d'elle en 1856. Le Gymnase venait de représenter avec grand succès, au moment des étrennes, un charmant petit acte de Lambert-Thiboust et Decourcelle, *Je dîne chez ma mère*, dont le sujet avait été raconté par Ozy, un an auparavant. Ce soir-là, quelques intimes se trouvaient réunis autour de sa table : About, Grangé, Adrien Decourcelle, Lambert-Thiboust... et le cours de la conversation conduisit l'actrice à avouer que le premier janvier avait été pour elle fort triste : elle

---

(1) Collection de M. H. Bachimont. Il est fait allusion à ces lettres dans l'ouvrage de M. F. Loliée, *Le duc de Morny*, 1909, p. 248.

s'était mise à table seule, abandonnée de tous ses amis qui dînaient en famille. Sans se faire prier, Ozy conta cette désobligeante aventure avec un accent de mélancolie qui la rendait plus touchante encore. Chacun se récria, voyant dans cette anecdote une pièce toute faite : Decourcelle et Lambert-Thiboust convinrent de l'écrire ; chacun donna son avis. Il fallait choisir une héroïne ; le nom de Sophie Arnould rallia tous les suffrages.

Un an plus tard, les spectateurs du Gymnase applaudissaient cette douloureuse élégie qui a pour titre : *Je dîne chez ma mère*, et met en scène Sophie Arnould, un premier janvier : la célèbre chanteuse reçoit les compliments de ses adorateurs qui viennent lui offrir des présents somptueux, mais s'excusent lorsque la courtisane les prie à dîner : tous dînent chez leur mère ! La pauvrette se désole. Survient un peintre, un ami d'enfance, apportant le portrait de la mère de Sophie. Apprenant ce qui fait pleurer son amie, il lui offre de l'emmener dîner avec lui, en famille, chez ses vieux parents. Mais Sophie Arnould ne veut pas troubler de sa présence une réunion si cordiale ; elle repousse l'offre du peintre, et, prenant le portrait de sa mère, elle le place en face d'elle en s'écriant : « Moi aussi, je dînerai avec ma mère ! »

L'histoire originale s'achevait plus tristement : « Selon le récit que le Gymnase abrège, — écrivit Saint-Victor (1), — la comédienne suivait le peintre dans le taudis paternel. Elle y trouvait d'honnêtes figures, de francs accueils, des cœurs sur la main ; elle jetait un regard d'envie sur cet

---

(1) Feuilleton de la *Presse*, 6 janvier 1856.

intérieur de calme et de joie; elle recevait avec un triste sourire les naïves galanteries d'un jeune ouvrier ébloui de cette beauté inconnue et rêvant déjà de l'avoir pour femme; elle sauvait, en passant, de la séduction, une jeune fille qui allait se perdre et dont, avec sa triste expérience du mal, elle surprenait le secret. Puis, le soir venu, lorsque sa voiture venait la chercher au grand galop de ses pur sang, elle repartait pour le pays où les camélias fleurissent, avec la douce mélancolie que l'on rapporte d'un voyage que l'on ne fera jamais plus. Là, peut-être, était le vrai bonheur. Mais qu'y faire? Le sort en est jeté et Vénus la rappelle dans son boudoir ».

N'est-ce pas là une histoire doucement émouvante qui fait grand honneur à l'aimable personne qui l'inspira? Ce n'est rien, une tache sur un collier d'or, un nuage dans un ciel d'opéra, mais n'y a-t-il pas plus de sentiment vrai dans cette petite misère d'une courtisane que dans bien des drames plus poignants?

**

Les années, désormais, s'égrenèrent de plus en plus lentement, les amis se firent plus rares autour de l'ancienne étoile; quelques fidèles seulement, comme Gautier et Saint-Victor, prenaient encore de temps à autre le chemin de sa demeure. Se voyant oubliée, elle désira une retraite plus complète dans sa villa d'Enghien; elle voulut se défaire de ses bijoux, de ses collections, de ses bibelots.

En avril 1867, on annonça à l'hôtel Drouot, la vente *par suite du départ* d'Alice Ozy. Le catalogue, une brochure de vingt pages, énumère en cent cinquante numéros, toute une série de bijoux, de pièces d'orfèvrerie, d'objets de vitrine, de porcelaines, de faïences, de bronzes, de meubles, et surtout une trentaine de toiles ou de dessins. Sur la liste des tableaux figure un pastel de Gautier.

Naguère, le poète qui, on le sait, n'avait jamais renoncé à la palette, avait demandé à Ozy de lui servir de modèle pour un pastel où il représenterait la courtisane Bacchis de Samos, l'héroïne de son exquise nouvelle : *La chaîne d'or ou l'amant partagé.* Dans ce conte, la jeune hétaïre se trouvait ainsi dépeinte : « Elle est grande, svelte, bien faite ; elle a les yeux et les cheveux noirs, la bouche épanouie, le sourire étincelant, le regard humide et lustré, le son de la voix charmant, les bras ronds et forts, terminés par des mains d'une délicatesse parfaite. Sa peau est d'un brun plein de feu et de vigueur, doré de reflets blonds comme le cou de Cérès après la moisson ; sa gorge fière et pure soulève deux beaux plis à sa tunique de byssus. » Ce portrait littéraire, qui pouvait désigner aussi bien Ozy que Bacchis, fut transposé dans un autre art et fixé sur toile.

M. Bergerat, dans le livre qu'il a consacré à la mémoire de son maître, dit que le portrait répondait fort bien à l'idéal que l'on peut se faire d'une belle courtisane et dénote une main expérimentée. Ozy n'était pas du même avis, critiquait la ressemblance et certains détails d'exécution. Quoi qu'il en soit, Gautier demanda instamment à son amie, comme un service personnel, de faire figurer ce portrait à la vente qu'elle projetait, afin, disait-il, de pouvoir apprécier le succès commercial de sa signature au bas d'une œuvre d'art. Ozy finit par accéder à ce désir, sur la promesse qui lui fut faite d'une nouvelle étude « plus réussie, sinon plus ressemblante », — promesse qui malheureusement ne fut jamais tenue. La *Bacchis* subit donc le feu des enchères ; elle fut achetée trois cents francs par un expert, M. Haro, et placée par celui-ci dans sa collection particulière. *Trois cents francs!* Gautier exultait et disait à qui voulait l'entendre ou doutait de son talent, qu'un de ses pastels s'était vendu en vente publique 300 francs, *malgré sa signature!* Cette enchère de 300 francs fut même la plus forte de cette vente où l'on remarquait pourtant un paysage de Corot (vendu 137 fr.), — une esquisse de Delacroix (130 fr.), — une ébauche de Diaz (82 fr.), — un paysage dessiné à la plume par Victor Hugo (100 fr.), — une marine d'Isabey (225 fr.), — un dessin de H. Regnault (67 fr.), — une aquarelle de Th. Rousseau (165 fr.), — une tête de femme, rehaussée de gouache, par Madame Vigée-Lebrun (100 fr.). Le produit des deux vacations atteignit une soixantaine de mille francs. Il s'agissait, on le voit, d'une galerie d'autant plus précieuse qu'elle comprenait bon nombre de toiles offertes en hommage d'amitié. Ozy ne manqua pas, le jour de la vente, de regretter la décision inconsidérée qui livrait au hasard des enchères tant de souvenirs intimes ou d'objets précieux. Prise de remords, elle en retira quelques-uns, en racheta d'autres, et plus tard s'efforça de rentrer en possession de ce qu'elle avait laissé échapper. Elle se montra assidue aux grandes ventes, se passionna pour les bibelots coûteux et les tableaux de maîtres.

* * *

La voici devenue une vieille dame respectable. Dans son ermitage d'Enghien, dans son appartement du boulevard Haussman, elle vit triste, isolée au milieu d'un luxe qui lui rappelle l'époque de ses succès. Pendant de longues heures, elle s'attarde à regarder son image autrefois peinte par Amaury Duval, par Chassériau, par Vidal ou dessinée par Thomas Couture et Gautier. Elle feuillette les livres donnés jadis par les amis disparus et portant au front des dédicaces « à la belle Alice ».

Sa solitude est désolante. Pourtant elle n'ose admettre près d'elle aucun nouveau visage, craignant toujours que l'on n'en veuille à sa fortune déjà traquée de toutes parts. Le passé demeure son seul refuge, ses souvenirs sa seule distraction; elle aime s'entourer des œuvres de ses anciens familiers, s'applique particulièrement à recueillir les esquisses de Chassériau, les dessins et les sculptures de Gustave Doré, un ami de la dernière heure. Elle acquiert une pièce capitale de celui-ci, un projet d'horloge dont le motif ornemental « Le Temps fauchant les Amours », symbolise une vérité douloureuse (1).

Chaque objet lui rappelle une joie, un désir, un regret et vient émouvoir par instants la monotonie de son existence. Elle classe ses papiers, relit ses anciennes lettres d'amour, se préoccupe du livre qu'on écrira peut-être un jour à son sujet. Parfois une visite vient la distraire : Alexandre Dumas lui parle de sa jeunesse, regarde ses livres, la conseille dans ses achats chez les libraires ou les antiquaires; le duc d'Aumale conserve son amitié à celle qui est redevenue pour tous Madame Pilloy; il s'attarde en sa compagnie, se souvient de sa vingtième année, des guerres d'Afrique, d'Alice Ozy. De temps à

---

(1) Aujourd'hui au Musée des Arts décoratifs.

autre, Madame Pilloy recevait un billet très court, signé seulement d'un paraphe ou pour mieux dire d'un trait de plume, comme celui-ci : « L'ex-Raimbauld ira serrer la main de l'ex-Alicette lundi ou mardi, entre 4 et 6 ». On prenait une tasse de thé en causant du passé... Chaque premier janvier, le duc envoyait à sa vieille amie ses vœux accompagnés d'une caisse de Zucco.

Les dernières années d'Alice Ozy sont tristes, sans but. Elle aurait souhaité finir ses jours auprès d'un ami, — surtout de son cher Théo, — se dévouant pour lui, le comblant d'attentions, de prévenances, lui épargnant le moindre souci, — mais tous ont disparu!

Elle n'a plus qu'à mourir.

Sa préoccupation constante est de laisser un testament qui répartira équitablement ses richesses entre tous ceux qui lui auront prouvé leur affection, sans arrière-pensée. Ce testament, elle le modifie chaque jour au gré de son humeur.

Elle venait de signer un dernier codicille, lorsque la mort lui ferma les yeux, le 4 mars 1893.

* * *

Sur la tombe d'Alice Ozy, au Père-Lachaise, le maître architecte Constant Moyaux éleva un glorieux monument.

Le mausolée affecte la forme d'un temple grec : sur un autel flanqué de deux stèles portant le nom d'Ozy et celui de sa mère, se dresse une gracieuse Vierge de marbre blanc, œuvre de Gustave Doré. Seules six colonnes de porphyre noir donnent un aspect sévère à ce monument qui, sans elles, n'aurait rien de lugubre et semblerait un petit temple de l'Amour.

*Achevé d'imprimer
le 15 mai 1910.*

CE VOLUME EST MIS DANS LE
COMMERCE AU PRIX DE 7 FR. 50

LES
BIBLIOPHILES FANTAISISTES

Nous assistons, c'est un fait, à l'agonie du volume à 3 fr. 50. Les statistiques du dépôt légal constatent la diminution du nombre des romans qui paraissent chaque année. Est-ce à dire qu'on lise moins? Bien au contraire. Mais il s'imprime dans des collections à 95 centimes, 1 fr. 35, etc., des ouvrages tirés à cinquante mille exemplaires, ou davantage. On ne vendrait pas cinq mille exemplaires de ces mêmes ouvrages, s'ils étaient publiés à 3 fr. 50.

S'en étonner serait mal connaître les besoins modernes. S'en plaindre serait vain. Les éditeurs français n'ont fait qu'imiter leurs confrères anglais et américains qui depuis longtemps ont mis en circulation des collections à bon marché. Mais à côté de ces séries populaires, les libraires étrangers offrent au public des livres qui, sans constituer des publications de luxe réservées à quelques curieux, sont bien supérieurs, par l'élégance du format, la beauté du papier et des caractères, au banal volume jaune de nos devantures. On ne trouve rien de semblable en France.

C'est à quoi les Bibliophiles Fantaisistes se sont proposés de remédier.

Nous avons eu le rare plaisir de voir notre initiative comprise par un certain nombre d'auteurs déjà célèbres : MM. Paul Acker, Maurice Barrès, J.-E. Blanche, Marcel et Jacques Boulenger, René Boylesve, François de Curel, Edouard Ducoté, Claude Farrère, Gérard d'Houville, Louis Laloy, Pierre Louys, Paul Margueritte, Francis de Miomandre, Gabriel Mourey, Nozière, Pierre Mortier, G. de Pawlowski, Henri de Régnier, Laurent Tailhade, Jérôme et Jean Tharaud, dont nous avons publié des œuvres ou avec lesquels nous avons pris des engagements.

Chacun de nos volumes est imprimé avec les caractères, le format et le papier qui nous semblent le mieux convenir au sujet. Nous arrivons ainsi à offrir à nos souscripteurs des ouvrages qui, par la manière seule dont ils sont présentés, constituent déjà des ouvrages de bibliophile.

Ils sont toujours tirés à 500 exemplaires numérotés à la presse.

Les souscripteurs versaient autrefois une somme de 5 francs pour chaque volume qui leur était remis par la poste, contre remboursement, avec un maximum de souscription annuelle fixé à 50 francs. Nous avons reconnu, à l'usage, que cette façon de procéder était défectueuse et qu'elle entraînait de trop grands frais. D'autre part, les engagements pris avec nos auteurs et notre imprimeur sont tels que nous ne pouvons pas publier moins de dix volumes par an, à partir de l'exercice 1910-1911. C'est pourquoi nous prierons nos nouveaux souscripteurs de verser à l'avance pour chaque exercice une somme de 50 francs, moyennant quoi ils recevront, par la poste et recommandés, un minimum de dix volumes par an. La

Société se réserve en effet, s'il est publié plus de dix volumes par an, de les offrir aux souscripteurs. On comprend, par ce seul fait, le véritable but de la Société, qui est de publier des éditions de plus en plus luxueuses, et d'offrir à ses souscripteurs le plus grand nombre possible d'ouvrages en échange de leur cotisation de 50 francs par an.

Il est donc de l'intérêt des anciens souscripteurs de chercher eux-mêmes des souscripteurs nouveaux.

Les exemplaires non souscrits sont mis dans le commerce à un prix variable, mais qui ne s'abaisse jamais au-dessous de 7 francs 50, sauf pour les volumes offerts aux souscripteurs.

Les souscriptions courent du 1er octobre de chaque année. M. Eugène Marsan, administrateur de la Société (11 bis, rue Poussin, Paris, XVIe), est chargé de les recevoir.

Cependant, les personnes qui voudraient souscrire en cours d'année ont le droit de le faire. Et nous pouvons même pendant encore quelques mois leur céder un exemplaire de chacun des volumes déjà parus, à raison de 5 francs l'exemplaire.

OUVRAGES PUBLIÉS PAR LA SOCIÉTE

AU COURS DE L'EXERCICE 1908-1909 :

Marcel Boulenger : *Nos Élégances.*
(15 Novembre 1908 — 7 Fr. 50).

René Boylesve : *La Poudre aux Yeux.*
(1er Février 1909 — 10 Francs).

Louis Thomas : *L'Esprit de Monsieur de Talleyrand.*
(1er Mai 1909 — 7 Fr. 50 — Avec une reproduction du buste de Dantan).

Jacques Boulenger : *Ondine Valmore.*
(15 Mai 1909 — 7 Fr. 50 — Avec la reproduction d'une miniature).

François de Curel : *Le Solitaire de la Lune.*
(10 Juin 1909 — 7 Fr. 50 — Avec un frontispice par Armand Rassenfosse).

Louis Laloy : *Claude Debussy.*
(10 Juillet 1909 — 10 Francs — Avec un portrait inédit et un autographe musical).

OUVRAGES PUBLIÉS

AU COURS DE L'EXERCICE 1909-1910 :

Nozière : *Trois Pièces Galantes.*
(1er Octobre 1909 — 7 Fr. 50).

Claude Farrère : *Trois Hommes et Deux Femmes.*
(10 Octobre 1909 — 10 Francs).

Louis Thomas : *Les Douze Livres pour Lily.*
(20 Octobre 1909 — 7 Fr. 50).

Maurice Barrès : *L'Angoisse de Pascal.*
(10 Mars 1910 — 7 Fr. 50 — Avec une reproduction du Masque de Pascal et de l'une des pages du manuscrit original des Pensées).

OUVRAGES SOUS PRESSE :

J.-E. Blanche : *Essais et Portraits.* (Fantin-Latour, Whistler, Forain, Watts, Conder, Aubrey Beardsley...)

André du Fresnois : *Colette Willy.*

Paul Margueritte : *Nos Tréteaux.*

Francis de Miomandre : *Mémoires d'une Tortue.*

OUVRAGES EN PRÉPARATION :

Paul ACKER : *Portraits de Femmes.*

Jacques BOULENGER : *Candidature au Stendhal-Club.*

René BOYLESVE : *Nymphes dansant avec des Satyres*
(avec des ornements de Pierre Hepp).

Edouard DUCOTÉ : *Le Château des deux Amants.*

Gérard D'HOUVILLE : *Les Fourberies de l'Amour.*

Pierre LOUŸS : *Versions Grecques.*

Eugène MARSAN : *Giosué Carducci.*

Pierre MORTIER : *Becquets.*

Gabriel MOUREY : *Maurice Denis.*

G. DE PAWLOWSKI : *Comœdia...*

Henri DE RÉGNIER : *Les Dépenses de Madame de Chasans*
(documents sur la vie de famille au xviiie siècle).

Laurent TAILHADE : *Au Pays de l'Alcool et de la Foi.*

Jérôme et Jean THARAUD : *En regardant travailler Maurice Barrès.*

Louis THOMAS : *L'Espoir en Dieu.*

Librairie DORBON l'Aîné
53ᵗᵉʳ, Quai des Grands-Augustins, PARIS.

Les Poésies de Choderlos de Laclos
réunies et annotées par Arthur SYMONS et Louis THOMAS

Un volume in-8 écu, imprimé avec les anciens caractères de P. Didot l'Aîné, à 312 exemplaires numérotés.

  300 sur papier velin fort . . . . **5 Fr.**
  12 sur papier de Hollande Van Gelder ancien. **12 Fr.**

Paul VERLAINE

Voyage en France par un Français
publié d'après le manuscrit inédit
avec une préface de Louis LOVIOT

Un volume in-12 tiré à 10 exemplaires numérotés sur papier du Japon . . . . **25 Fr.**

F. CHAMBON
Bibliothécaire de l'Université de Paris

Notes sur Prosper Mérimée

La jeunesse de Mérimée. Années de dissipation. Stendhal. La liaison avec Georges Sand. L'inspection des monuments historiques. Voyages en Angleterre, dans le Midi de la France, en Bretagne, dans l'Est, en Auvergne, Touraine, Poitou, Bourgogne, Corse et Grèce. L'Institut. La Révolution en 1848. Sa mort. Essai de reconstitution de sa bibliothèque.

Ouvrage contenant plus de 150 lettres inédites de Prosper Mérimée.

Un fort volume in-8 de XVIII-498 pages, tiré à 150 ex. **15 Fr.**

Louis THOMAS

La Promenade à Versailles

Un petit volume in-8 avec des ornements de Pierre Hepp . **3 Fr.**
Il a été tiré 10 exemplaires sur Japon, à **7 Fr.**

Edmond JALOUX
Le Boudoir de Proserpine
Un volume in-8º carré . . . . 5 Fr.

A. ROBIDA
Les vieilles Villes des Flandres
Belgique et Flandre Française

Illustré par l'auteur de 155 compositions originales, dont 25 hors texte, et d'une eau-forte

Un beau volume grand in-8º jésus, sous couverture illustrée en couleurs . . . . 15 Fr.

Léon TOLSTOÏ
La Loi de l'Amour et la Loi de la Violence

Traduit d'après le manuscrit et publié en français avant l'original russe par E. Halpérine KAMINSKY.

Un volume in-12º . . . . 3 Fr. 50

LA MÉSANGÈRE
Les Petits Mémoires de Paris

I. *Coulisses de l'Amour.*
II. *Rues et intérieurs.*
III. *Carnet d'un suiveur (Le Paris du Second Empire).*
IV. *Petits métiers.*
V. *Les Nuits de Paris.*
VI. *Toutes les Bohêmes.*

Série de 6 petits volumes in-24, illustrée de 24 eaux-fortes originales de Henri Boutet, de 8 reproductions hors texte, dont 4 en couleurs, d'estampes de Abraham Bosse, A. de St-Aubin, Bouchardon, Trévies, Gavarni, etc., chaque volume. . . . . 2 Fr.

Il a été tiré de chacun de ces volumes 25 exemplaires numérotés sur papier du Japon avec double suite des eaux-fortes à 10 fr. le volume.

LIÈGE
IMPRIMERIE BÉNARD
SOCIÉTÉ ANONYME

www.ingramcontent.com/pod-product-compliance
Lightning Source LLC
Chambersburg PA
CBHW060140100426
42744CB00007B/845